*Récit d'aventures de Jean-François
Carrey, devenu le plus jeune Canadien
à avoir conquis l'Everest*

**Texte de Danièle Vallée
Préface de Georges-Hébert Germain**

Catalogage avant publication de Bibliothèque et Archives Canada

Vallée, Danièle
    8850 : récit d'aventures de Jean-François Carrey, devenu le plus jeune Canadien à avoir conquis l'Everest / Danièle Vallée.

ISBN 978-2-923312-06-4

1. Carrey, Jean-François. 2. Alpinisme--Everest, Mont (Chine et Népal). 3. Alpinistes--Ontario--Biographies. I. Titre. II. Titre : Huit mille huit cent cinquante.

GV199.92.C37V35 2008   796.522'092   C2008-906320-1

Tous droits réservés. Toute reproduction, traduction ou adaptation, en tout ou en partie, par quelque procédé que ce soit, est strictement interdite sans l'autorisation préalable de l'Éditeur.

Les Éditions Sans Limites, inc.
Orléans (Ontario)
Courriel : editions@sanslimites.ca
Internet : www.sanslimites.ca

Dépôt Légal – 4ᵉ trimestre 2008
Bibliothèque nationale du Canada

Illustrations : Esther Perron et Anick Bauer
Conception : Anick Bauer
Révision : Jacques Côté

Du même éditeur :
Pensées du Jour – Tome Bleu
Pensées du Jour – Tome Rouge
Pensées du Jour – Tome Pas Jaune
Pensées du Jour – Tome de Bronze

Les Éditions Sans Limites, inc. tiennent à remercier la Caisse populaire d'Orléans ainsi que le Conseil des écoles publiques de l'Est de l'Ontario pour leur soutien financier.

8 850 mercis,

à mes parents qui m'ont indiqué la route du rêve

et à Marie-Pierre et Marine qui cheminent avec moi.

Préface

Longtemps, les grands aventuriers découvraient et exploraient des terres inconnues, des îles perdues, de nouveaux mondes. À quoi peuvent-ils bien servir, maintenant que la planète a déjà été parcourue en tous sens?

Voilà une grande question à laquelle *8850* apporte de très pertinentes réponses.

Ce livre raconte une prouesse remarquable, en même temps qu'il nous révèle les motivations et les intentions profondes de l'aventurier Jean-François Carrey qui l'a réalisée. Il a non seulement gravi le plus haut sommet du monde, relevant le défi le plus exigeant physiquement, mentalement, financièrement, et le plus risqué qui soit, il s'est aussi interrogé, à quelques jours du sommet tant désiré, sur le sens profond de cette aventure, de cette quête. Pourquoi risquer ainsi sa vie, flamber une fortune, se dépenser, souffrir mille maux?

On comprend qu'il a fait tout cela pour voir, pour vaincre, pour témoigner aussi de l'état du monde. Car c'est à cela aujourd'hui que servent les grands aventuriers : à parfaire notre connaissance du monde dans lequel nous vivons et à mieux connaître notre planète et les peuples qui l'habitent, certains nantis et heureux, d'autres pas. Les aventuriers nous aident, en fin de compte, à nous connaître mieux, ils nous apportent des preuves que la nature existe encore et que le monde peut, chaque jour, être nouveau, qu'il est chaque jour à découvrir ou à redécouvrir, parce qu'il est sans cesse changeant.

Se lancer dans une telle aventure exige, on imagine, énormément d'audace, des forces peu communes et une grande expérience de la nature, mais aussi des savoir-faire multiples, la maîtrise parfaite de nombreuses techniques, la connaissance du terrain, de la montagne, du danger, et bien sûr et surtout de ses forces et de ses faiblesses, de ses limites, du pouvoir de ses rêves... Voilà aussi ce que nous dit ce livre. Il nous dit que la véritable aventure, au fond, c'est la connaissance de soi. Et la connaissance de soi passe par celle du monde, celle de l'autre. Jean-François nous le répète : l'alpinisme (qui est une métaphore du dépassement de soi, de l'ascension, de la poursuite acharnée d'un grand idéal) est un sport d'équipe, une aventure d'équipe. Il faut, au départ, avoir confiance en soi. Mais aussi, tout au long du chemin, faire confiance aux autres.

Danièle Vallée a su tirer de cette aventure un récit remarquablement bien construit, limpide, rempli d'humour, d'émotion, d'enseignement. Il y a du suspense dans ce livre, une leçon de vie, un enseignement. On comprend mieux la mesure (ou la démesure) de la prouesse physique et celle du rêve géant, dévorant, *éléphantesque*, qui a porté Jean-François Carrey au sommet de l'Everest, à 8 850 mètres au-dessus de la mer.

Je crois qu'il nous faut des fous comme lui dans ce monde, des aventuriers qui posent des gestes requérant tellement d'audace et de persévérance que même ceux qui n'auront jamais la force ou le courage de les poser en seront changés eux aussi, éveillés, émerveillés.

Georges-Hébert Germain

Chapitre 1
Jean-François Carrey sur l'Everest

Aujourd'hui le jeudi 18 mai 2006, debout sur la tête de l'Everest, cette montagne géante de 8 850 mètres de hauteur qui, d'un unique sourcillement, pourrait m'expulser dans son grand vide de crevasses et de cascades de glace vers une fin tragique et glaciale, je sais que j'existe et que les rêves existent aussi, ailleurs que dans nos têtes et ailleurs que dans nos sommeils. Mais cette géante d'Everest, il ne faut pas qu'une tempête ou des vents violents et des chutes de neige abondantes la réveillent, car si elle en ressent le moindre chatouillement, la moindre perturbation, sa masse glaciaire se fracture par endroits et c'est l'avalanche. Dès lors, d'immenses blocs de glace et de roches, appelés séracs, s'en détachent, se bousculent et s'entassent dans une chute effroyable comme si un convoi de gigantesques autobus blancs dégringolait de ses interminables flancs dans un vacarme assourdissant, écrasant au passage les minuscules alpinistes qui grimpent péniblement vers son sommet.

Les avalanches sont redoutables et impitoyables dans cette région. Environ 1 500 personnes ont gravi l'Everest, plus de 200 y ont laissé leur vie. En 2006, l'année de mon voyage, sur environ 375 personnes qui ont tenté l'ascension de la montagne, 15 aventuriers sont morts au cours de cette saison d'escalade qui ne dure que deux mois et demi. Elle est parfois cruelle, la montagne. Quand le vent souffle et siffle à perdre haleine, ce sont peut-être les appels à l'aide de ces hommes et de ces femmes qui sont ensevelis sous les glaces qu'on entend. Le long du parcours, j'ai vu les monuments funéraires à la mémoire de ces alpinistes et j'ai compris que l'Everest était une bête à une tête cent fois plus menaçante que la bête à sept têtes et les monstres de mes livres d'enfant.

Et quand des bourrasques de neige me fouettent le corps et m'aveuglent, quand j'ai du mal à respirer, quand j'ai froid, quand j'ai une baisse de courage due à la fatigue, je me demande si je reviendrai sain et sauf de cette expédition, dont j'ai tant rêvé. Je me concentre et je me dis : *Oui, je reviendrai sain et sauf, oui, je relèverai le défi pour en parler à tous ceux qui ont des rêves à réaliser et qui doutent.*

L'Everest, je ne l'ai pas vaincu. Il est aussi invincible qu'indomptable, mais je lui avais donné rendez-vous depuis longtemps. Je m'y suis préparé à ce rendez-vous, je me suis entraîné physiquement et mentalement, avec fougue et détermination. Et enfin, le souffle court, épuisé, au ralenti, un pas difficile après l'autre, je l'ai enfin rencontré, son pic fièrement propulsé dans l'immensité. J'en rêvais depuis l'enfance et je savais que je le verrais de près, que je le toucherais. Il m'attendait, comme il attend tous les adeptes de l'altitude, les alpinistes téméraires qui, l'espace de quelques minutes, debout sur sa crête étroite, lui rendent hommage.

Les Sherpas, une ethnie népalaise d'origine tibétaine, nos guides de montagne, nos porteurs, nos cuisiniers et nos alliés, disent que la montagne est la demeure des dieux. Elle a d'ailleurs été baptisée Chomolungma, déesse-mère de la Terre, par les Tibétains. Je les crois parce que ce jour-là à 5 h 10 du matin, le soleil s'est levé au pied de la déesse, éblouissant, comme pour me dire en plein visage que je venais de réaliser mon rêve le plus ambitieux qui remontait à tant d'années, l'escalade de l'Everest. À cheval sur sa crête, je devenais un chevalier de l'an 2006 qui avait compris et qui tenterait de faire comprendre à d'autres qu'il est possible de réaliser ses ambitions les plus extravagantes. C'est la mission que je me donnais.

Chapitre 2
Le sport, le scoutisme ou le Ritalin?

Bien qu'à 24 ans, je sois le plus jeune Canadien à avoir atteint le sommet de l'Everest, c'est à 3 ans, enfant turbulent, que j'aurais dû escalader ce monstre intimidant d'une indicible beauté surplombant le massif de l'Himalaya. J'en avais l'énergie et la témérité et j'aurais pu épargner bien des tourments et des soucis à mes parents. L'envie de monter toujours plus haut ne m'a jamais quitté. Je suis en constante escalade vers le dépassement et vers la réalisation de mes rêves. Jamais pour être consacré héros, mais toujours pour assouvir cette passion de rejoindre et de poursuivre dans sa folie des grandeurs la nature qui nous entoure et nous lance d'incommensurables défis.

Tout petit, il paraîtrait que j'étais indiscipliné et qu'il m'arrivait de piquer de sérieuses crises pour ne pas dire de saintes colères en me donnant en spectacle dans les centres commerciaux. Il paraît aussi que ma mère devait m'attacher solidement sur ma chaise haute pour manger, sinon je grimpais et je tentais de m'accrocher à la lampe suspendue au-dessus de la table de la salle à manger.

Aujourd'hui, avec mes bottes à crampons et mon piolet, je m'accroche à des falaises rébarbatives, à des parois luisantes de glace bleue pour arriver à mettre le pied sur la crête de cet Everest tant convoité et pour surtout mettre la main sur mon rêve d'enfant. Ici c'est la montagne qui fait des scènes et des crises violentes et qui se donne en spectacle. Enfin quelqu'un de plus turbulent et indiscipliné que moi!

Mes parents ont réfléchi à plusieurs solutions pour arriver à maîtriser mes énergies débordantes et à calmer le jeune hyperactif que j'étais. Les sports auraient bien pu être une solution de choix, mais m'inscrire au hockey équivalait à un investissement financier très important de la part de mes parents. Et les fonds réservés aux activités sportives et aux loisirs devaient être séparés entre les trois enfants de la famille, dont moi, mon frère jumeau Nicholas et ma jeune sœur Andrée. M'inscrire au hockey n'était pas une solution pratique adaptée aux moyens financiers de la famille.

Le Ritalin, qui était la nouvelle potion magique pour contrôler l'hyperactivité, semblait une solution plutôt défaitiste pour des parents engagés comme les miens. Ils envisageaient une thérapie mieux adaptée à mes besoins, à mon impulsivité. Et pourquoi pas les Scouts? Tiens, tiens, puisque Jean-François adorait le camping et la nature, c'était peut-être la solution idéale pour lui serrer la vis un peu, tout en canalisant ses énergies débordantes et en favorisant ses efforts de concentration. Cette réflexion de leur part m'a sauvé la vie.

Je dois bien l'avouer, mon air assagi d'aujourd'hui cache une enfance très turbulente consacrée à la recherche de défis. Et justement, des défis, j'en ai lancé plus d'un à mes parents et certaines anecdotes resteront pour toujours gravées dans leur mémoire.

C'est à 4 ans, alors que je fréquentais l'école maternelle, que j'ai vécu ma première expédition dans le trafic. Nous habitions à trois kilomètres de l'école et, après la classe, je prenais l'autobus avec Nicholas pour rentrer à la maison. Ce jour-là, quand l'autobus scolaire s'est arrêté devant chez nous, seul mon frère en est descendu. Bien inquiète, ma mère l'a questionné. Nicholas ne savait pas où j'étais passé. Ma mère, affolée, est partie à ma recherche en voiture. Pourtant je n'étais pas perdu. Je marchais tranquillement sur le trottoir, rêveur, en direction de la maison, balançant nonchalamment ma petite boîte à lunch en traversant bien prudemment des intersections très achalandées! Quand elle m'a aperçu, j'ai entendu crisser les pneus et j'ai compris que ma première expédition s'arrêtait là!

À 8 ans, fatigué d'être toujours freiné dans mes élans excessifs et mes mauvais coups que je ne trouvais pas si mauvais, mais plutôt ingénieux et cocasses, j'ai décidé de quitter la maison familiale. Ma mère venait encore de me réprimander et j'en ai eu assez. J'avais besoin d'espace. J'ai pris la tente de camping de mon père, je l'ai installée sur ma planche à roulettes et je suis allé la monter dans le petit bois, près de chez nous. C'était ma première fugue. J'étais déterminé à ne pas retourner dans cette famille qui ralentissait mes grandes impulsions et critiquait mes plans d'aventures. C'était devenu trop difficile de toujours me faire dire quoi faire, j'avais besoin de liberté et je l'ai prise. Au cours de l'après-midi, ma jeune sœur Andrée a eu pitié de moi. Elle est venue me porter des craquelins et un message de ma mère qui m'invitait à souper, mais qui respecterait ma décision de refuser cette invitation. J'ai mangé les biscuits soda, mais comme j'avais encore faim, j'ai remballé ma tente et je suis rentré à la maison pour souper. Quand j'ai passé la porte, mon père m'a regardé en disant : *C'est pas facile, la vie, hein?* Il avait bien raison. Je n'allais surtout pas le leur dire, mais je soupçonnais que mes parents me comprenaient.

Gaétane Gagnon, ma mère, a écrit à mon sujet :

> *Jean-François nous remettait constamment en question, son père et moi. Il était l'image parfaite de l'enfant rebelle, mais si attachant. Il se pliait difficilement aux règles établies à l'école ou à la maison. Jean-François avait ses propres aspirations hors de celles de ses parents et ses notions de réussite n'avaient pas les mêmes couleurs que les nôtres.*

À l'école primaire, on m'envoyait régulièrement au bureau du directeur pour indiscipline. Parce que je manquais d'attention, parce que j'avais fait l'école buissonnière, toujours parce que j'avais fait un mauvais coup, prétendait-on. Un mauvais coup? Comment ça, un mauvais coup? D'après moi, je ne faisais que d'excellents coups au contraire! Je me trouvais bien astucieux et mes mauvais coups, n'étaient rien que des taquineries sans conséquence pour faire rire. Ce n'était jamais vraiment méchant, sauf peut-être quant j'avais amorcé l'alarme dans une école voisine, ou quand, avec des amis, on avait enlevé les portes dans les toilettes et quand on avait lancé en l'air des rouleaux de papier de toilette partout dans l'école...

À l'école, ma réputation était faite et chaque fois que le directeur m'apercevait, même si je n'avais rien fait et que j'étais innocent comme un bébé, il avait toujours l'instinct de me crier : *Jean-François! Au bureau!* C'était plus fort que lui. Par-dessus le marché, j'étais malchanceux. Pas moyen de m'esquiver, je me faisais toujours prendre. Un jour que mes parents sont venus à l'école chercher ma jeune sœur, qui ont-ils trouvé, assis, en pénitence dans le bureau du directeur? Je vous laisse deviner!

Donc, à mes parents qui ont dit non merci au Ritalin, je dis merci pour le mouvement scout qui encourage la débrouillardise et le travail d'équipe et qui m'a conduit directement où je suis aujourd'hui. Non, pas au bureau du directeur, mais tout en haut de l'Everest!

C'est mon père, Patrick Carrey, qui m'a inscrit chez les Scouts et qui s'y est grandement engagé lui-même. Je le dis fièrement. Mes parents ont été mes premiers sherpas, mes premiers guides. Ils m'ont orienté avec fermeté, amour et humour au cours de ma vie. Ils ont fait des choix judicieux qui m'ont mené à plusieurs sommets. C'est par mon implication avec les Scouts que les rêves d'aventures et d'expéditions ont vraiment pris racine dans ma tête et dans mon cœur. Une passion naissait. Du canot au ski en passant par l'escalade et le camping d'hiver, je m'accomplissais, je canalisais mon surplus d'énergie et j'adorais cet environnement de camaraderie et d'entraide qu'exigeaient les excursions en forêt. Je me sentais autant de connivence avec la nature qu'avec mes amis.

Le scoutisme m'a beaucoup appris. La nature, la faune, la flore, les lacs et les rivières, la survie en forêt. Mon père n'arriverait pas à compter les heures qu'il a données généreusement au mouvement scout, à ces enfants turbulents et grouillants que nous étions, afin que notre vigueur insatiable soit comblée et nos forces, exploitées au maximum au sein d'une équipe qui mettrait en commun les richesses et les faiblesses de chacun. C'est ainsi que se créent l'amitié et la solidarité. C'est là que j'ai appris à ne pas reculer devant les difficultés, à respecter mes engagements, à toujours exiger de moi un effort de plus, à conserver mon enthousiasme devant l'aventure, les découvertes et l'adversité.

Ainsi, chez les Scouts vers 14 ans, je suis moi-même devenu instructeur. J'avais à ma charge de jeunes enfants de 7 et 8 ans qu'on appelait les Castors. Je les accompagnais en forêt et souvent en rabaska sur le lac de l'Île, près de Low au Québec. Ils avaient confiance en moi. Je leur inventais des légendes comme celle d'une grande baleine qu'un hydravion avait transportée d'un lac à un autre pour enfin la conduire à la mer. Et quand on l'a plongée dans le lac de l'Île où j'avironnais avec les enfants, l'immense baleine a donné naissance à un bébé baleine nommé Babette. Les petits Castors écoutaient ma légende, les yeux arrondis, sans broncher. En annonçant la naissance de la petite Babette, j'ai donné un coup de pagaie, ce qui a fait dévier l'embarcation. Les enfants ont sursauté, tout étonnés. Je leur ai dit : *Tiens, c'est Babette qui vient de donner un coup de queue sur le canot pour nous saluer!* Ils se sont tous mis à sourire et à chercher, dans les vagues du lac, la silhouette de Babette la petite baleine. C'était ça aussi, l'aventure : donner aux autres le goût de la découverte et du rêve.

Au cours de mes années dans le mouvement scout, les activités devenaient de plus en plus exigeantes et répondaient davantage à mes besoins d'accomplissements et aux défis croissants que je me lançais. Je suis devenu accro à l'adrénaline qui courait dans mes veines. J'en voulais plus, toujours plus. Avec mes amis, on parlait de grandes expéditions. Les monts Adirondacks de l'État de New York et les Montagnes Blanches du New Hampshire, que j'ai adoré découvrir, parcourir et escalader, sont rapidement devenus du déjà-vu. Je rêvais toujours des plus hauts sommets! Je n'arrêtais jamais d'y penser. Je rêvais tout éveillé. Et pourquoi pas l'Everest? Je savais qu'un pas à la fois, je pouvais y arriver.

Déjà à ce moment, mes amis et moi échafaudions des projets d'escalade de sommets de montagne quasi inatteignables. Les grandes expéditions nous appelaient. Je passais des heures à lire et à regarder avec envie les photoreportages du magazine *National Geographic* et, devant les récits palpitants et les spectaculaires photographies d'expéditions en montagne ou en eau vive sur des rivières tumultueuses, mon esprit s'envolait. Je déposais le magazine sur le plancher de ma chambre et je m'imaginais plongeant dans ses pages pour être transporté au cœur du documentaire.

Mes ambitions et mes projets d'aventures prenaient bonne forme. Toutes mes économies servaient à acheter de l'équipement de camping d'hiver et d'escalade. En pleine nuit de camping d'hiver avec les Scouts, enroulé dans mon sac de couchage à -30 ºC et juste avant que le sommeil ne m'emporte, je m'imaginais dormant au pied de cette énorme montagne qu'au matin j'escaladerais jusqu'à sa crête : l'Everest. J'avais 12 ans et je me proposais de manger un éléphant. C'est mon ami Martin qui me convaincra plus tard, au secondaire, de ceci : un éléphant, ça se mange tout simplement une bouchée à la fois!

Chapitre 3
Une bouchée à la fois :
l'éléphant, la grenouille, la poule ou le lapin?

Vers l'âge de 15 ans, je me suis enrôlé dans les Cadets de l'air d'Orléans, dont un volet du programme répondait particulièrement à mes aspirations : l'entraînement et la survie en forêt. Je voulais devenir instructeur de survie d'un escadron. J'étais le seul francophone dans ce groupe de cadets anglophones et, dès mon arrivée, je me suis senti comme le mouton noir.

C'était mal parti, mais j'étais résolu et je me suis vite fait des amis. J'ai été rapidement accepté par le groupe, parce que j'étais audacieux et intrépide et que j'avais déjà beaucoup d'expérience de vie en forêt. On m'a même baptisé « Hatchet man », parce que j'étais très habile à manier la hache pour fendre du bois. Finalement, j'ai fait mes preuves et j'ai été sélectionné parmi 350 cadets pour participer au camp de survie en forêt au lac Sébastien, dans la région du Saguenay-Lac-Saint-Jean. Encore une fois, je faisais figure de mouton noir parce que je venais de l'Ontario et, même si j'étais aussi francophone qu'eux, mes confrères québécois se demandaient pourquoi je n'avais pas été intégré au groupe d'anglophones. Mon adaptation au groupe s'est encore très bien passée parce que j'avais beaucoup d'expérience en forêt et de leadership, parfois un peu trop et au camp, il n'était pas rare d'entendre le sergent hurler : *Cadet Carrey!* Ces rappels à l'ordre me ramenaient le souvenir de mon directeur d'école quand j'étais au primaire : *Jean-François, au bureau!*

J'y suis resté cinq ans, mais j'ai finalement abandonné, parce que la formation était davantage axée sur les manœuvres militaires et pas suffisamment sur le plein air, selon moi. J'y ai quand même beaucoup appris. Rien n'est jamais perdu de nos expériences de vie, quelles qu'elles soient. J'ai appris à développer mon sens de l'effort et de la discipline, appris à continuer de rêver de découvrir le monde et appris à survivre en forêt dans des conditions précaires, dont voici une anecdote.

Une de nos formations de cadets de l'air consistait à passer cinq jours, seul en forêt, sans nourriture et sans autre équipement qu'un couteau, une gourde d'eau et trois allumettes. Il fallait donc arriver à se construire un abri, à s'allumer un feu et à se nourrir. Se nourrir? Mais de quoi? On avait bien appris que dans les forêts il y avait des plantes et des racines comestibles, mais rien qui avait le goût raffiné d'une délicieuse salade César. Je dois avouer que la mastication des feuilles et des racines était plutôt dure sur les mâchoires et que c'était encore plus dur à avaler, surtout sans une bonne vinaigrette maison!

Ça se passait donc au Saguenay, l'été du fameux déluge en 1996. On était en juillet, le temps était couvert. Il faisait sombre. Puis, il s'est mis à pleuvoir. Interminablement et abondamment. Mais je gardais un bon moral. *La survie, rien de plus simple,* que je me répétais. *La nature a ses caprices, mais je saurai bien m'en accommoder.* Je n'en étais pas à mes premières expériences en forêt. Je me suis rapidement et facilement construit un abri de branches de sapin d'environ un mètre d'épaisseur. Au moins, je resterais au sec. C'était important, car je n'avais pas de vêtements de rechange. Je portais un pantalon, un chandail, des bottes et surtout une casquette orange fluo comme celle des chauffeurs de camions lourds, un cadeau de nos instructeurs. Toute une allure!

La pluie tombait de plus en plus dru, si bien que mon abri de branches de sapin de un mètre d'épaisseur ne suffisait plus. Il pleuvait dans ma cache, c'était humide et j'avais froid. J'ai décidé d'allumer un feu. Mais l'écorce de bouleau, les brindilles et les branches étaient tellement mouillées que la première allumette s'est consumée avant que le feu ne prenne. Il me restait deux allumettes. J'ai recommencé la manœuvre. L'écorce a pris feu rapidement, les brindilles ont commencé à brûler, mais tout à coup, le feu s'est mis à faiblir et il s'est éteint sans que je puisse le ranimer. Il me restait une seule allumette. Celle-là était tellement humide qu'elle a à peine fait une étincelle. Il me fallait absolument un feu pour passer la nuit, vu l'humidité inconfortable. Je ne pouvais pas me résigner à dormir transi. Tout à coup, la noirceur venue, pas très loin de mon campement, j'ai aperçu une lueur entre les arbres. Un feu. C'était le feu d'un autre campeur de mon équipe qui crépitait malgré la pluie. Mais je connaissais les consignes. Il était interdit de nous entraider. Il fallait nous débrouiller seuls. Si on se faisait prendre à quêter du feu chez un cadet voisin, on perdait des points. Mais c'était une question de survie et j'étais là pour ça. J'ai enlevé ma casquette orange pour ne pas être repéré et je me suis faufilé entre les arbres jusqu'à l'abri de mon voisin sans qu'il me voie. Je m'étais fabriqué une sorte de pelle avec un épais morceau d'écorce de bouleau et j'ai retiré un superbe tison rouge et brûlant du feu de ce cadet. J'ai couru à mon abri et j'ai pu enfin allumer un feu. Ni vu ni connu, pas vu pas pris, mission accomplie et j'ai bien dormi!

Après, j'ai eu faim. J'ai eu très faim. Très, très faim. Épouvantablement faim. Je me suis mis à manger des feuilles de ce qu'on appelait des concombres sauvages, des plantes vertes, des racines que j'avais appris à identifier pour ne pas m'empoisonner et surtout des bleuets, puisqu'on était dans leur région de prédilection. Mais malgré ce repas d'une excellente valeur nutritive, j'avais toujours faim. Mon estomac gargouillait à cœur de jour.

Avertissement : Si vous êtes en train d'entamer un bon gros Big Mac, ne lisez pas ce passage ou mettez votre Big Mac à la poubelle.

Tout à coup, j'ai aperçu une grenouille. Une vraie belle grenouille grasse, m'a-t-il semblé. Plus je la regardais, plus je trouvais qu'elle avait l'air délicieuse, cette petite grenouille verte avec des points noirs et de petites rayures dorées sur le dos. Elle sautait, joyeuse, insouciante, aimant la vie et le camping, quand tout à coup une grosse main, la mienne, lui est tombée dessus comme une cage à cinq énormes barreaux. Je l'ai regardée dans les yeux un moment. Elle a baissé les siens et c'est là que je l'ai assommée avant d'en avoir trop pitié, et puis je l'ai fait cuire sur une roche brûlante près du feu. Quand je l'ai mangée en me léchant les doigts et les babines, je me suis dit qu'il faudrait bien que je transmette cette savoureuse recette à ma mère!

Je suis enfin sorti de ces cinq jours de survie, amaigri et affaibli, je ne pensais qu'à recommencer! Et quand on revient d'une telle expédition, sans vivres ni moyens, il ne faut pas succomber à la tentation et se jeter sur la première frite, le premier hamburger ou la plus belle poutine en vue, il faut s'alimenter de fruits et de légumes peu à peu, sans excès. Ceux qui ont commis des abus alimentaires à la sortie de l'expédition vont se rappeler toute leur vie les moments d'horreur causés par des maux de ventre, vomissements et diarrhées atroces qu'ils ont subis.

Au moment de la deuxième excursion, si le cadet avait survécu à ces cinq journées de privations, comme pour le récompenser, on était plus généreux côté bouffe. On lui apportait une hache et une poche contenant des poules et des lapins vivants qu'il n'avait qu'à égorger, à vider, à dépecer, à faire cuire et à manger. Rien de plus simple! Comme j'avais survécu à mes cinq jours de quasi-jeûne, j'ai reçu ce cadeau-là comme un autre défi.

Avez-vous déjà décapité une poule, c'est-à-dire séparé sa tête de son corps avec une hache? Saviez-vous qu'elle continue de courir, la poule sans sa tête, sans savoir où elle va finir? Quand elle tombe enfin, ou qu'on a réussi à l'attraper par les pattes, parce que le cou n'y est plus, il faut la déshabiller sans laisser une plume.

J'ai finalement plumé la pauvre poule innocente qui a fini ses jours dans mon estomac! Et le charmant petit lapin de Pâques, pensez-vous que c'est facile de l'assassiner froidement, en pensant à Bugs Bunny? J'espère que vous réussirez à bien digérer votre succulent Big Mac d'une composition douteuse qui finalement est peut-être plus dégoûtant qu'un poulet ou un lapin sur un bon feu de bois!

Ce sont ces expériences meurtrières et culinaires qui m'ont motivé à apprendre à cuisiner en excursion avec les moyens du bord. Alors que la plupart des campeurs mangent des aliments préparés, des spaghettis et des ragoûts en conserve, moi je cuisine des lasagnes et des pâtés chinois, et ma meilleure trouvaille, c'est un délicieux gâteau au chocolat aux petites fraises des champs. Un pur délice, surtout s'il est dégusté en pleine forêt, au bord d'un lac.

Chapitre 4
Jamais sans ma corde

À l'adolescence, mes amis et moi n'arrêtions pas d'envisager des projets d'escalade. Tout était prétexte à grimper, à escalader, peu importe la structure à affronter. Il y en avait toujours un dans le groupe qui arrivait avec un plan insolite presque irréalisable. On ne baissait jamais les bras. Le mot d'ordre était : *On y va!*

Nous étions cinq ou six amis et nous ne sortions jamais sans notre corde d'escalade et nos harnais dans notre sac à dos. À bicyclette, nous partions à la recherche de parois naturelles comme des falaises, ou d'autres parois moins naturelles comme celles du viaduc de la 10e ligne à Orléans en banlieue d'Ottawa. Il y a eu aussi les escalades de manèges sur les terrains d'exposition. Nous attendions la nuit quand le lieu était désert. Sauter une clôture de sécurité était un jeu d'enfant pour nous. Ensuite, nous fixions nos cordes à la grande roue et nous grimpions jusqu'au sommet de sa circonférence. Sous les étoiles et la lune, nous devenions des araignées géantes.

Nous adorions aussi escalader des murs d'édifice et des murs d'école. Toujours le soir, toujours à la noirceur. Nous fixions solidement nos cordes au système de ventilation ou de climatisation sur le toit de certains édifices et les ascensions commençaient. Le plus grand défi : ne pas se faire prendre!

Une nuit où j'étais seul à escalader une superbe paroi de glace à Cumberland avec pour unique éclairage ma lampe frontale, j'ai vu arriver une voiture de police munie de ses deux lampes frontales. Elle avait déjà un avantage sur moi. Pas vraiment moyen de m'enfuir. J'étais pris en flagrant délit d'escalade. Je me suis dit que quelqu'un avait dû appeler la police, se demandant bien qui était cet énergumène attaché à un câble en plein milieu d'une falaise à 2 h du matin. Drôle de façon de se suicider, avait-on sans doute pensé.

L'agent de police semblait inquiet et surpris. Il se posait lui aussi de curieuses questions. Qui était ce jeune fou accroché à un mur de glace en pleine nuit, en plein hiver? Était-ce une tentative de suicide? Une fugue?

L'agent m'a alors demandé : *Qu'est-ce que tu fais-tu là? Est-ce que tout va bien?*

J'ai répondu : *Je fais de l'escalade de glace et oui, tout va très bien. Je me pratique pour l'Everest.* Je suis ensuite descendu sous le regard intrigué de l'agent de police et, après une brève discussion, il est parti, soulagé de voir que je n'avais perdu ni la boule ni la corde en descendant.

Chapitre 5
Pas à pas, lentement et sûrement

Un nouveau défi se présentait. Comment trouver un emploi d'été dans un domaine qui m'intéressait et qui me permettrait de travailler pour accumuler de l'argent et pour me rapprocher de mon but en côtoyant des gens qui partageaient mes aspirations?

Je me suis d'abord trouvé un emploi à temps partiel dans une poissonnerie près de chez moi. J'accumulais un peu d'argent, sans plus. J'imaginais bien que tous ces poissons que je dépeçais et que je vendais avaient eu une vie fascinante à frayer dans les rapides des rivières et qu'ils auraient pu me raconter des aventures palpitantes, mais dans leur état, étendus sur la glace et entourés de citrons jaunes sur le comptoir de la poissonnerie, ils n'étaient pas très bavards et avaient plutôt tendance à m'ennuyer.

Et voilà que la chance a tourné, grâce au programme coopératif de l'école Louis-Riel que je fréquentais à Orléans. Le gérant du magasin *Trailhead* m'offrait un poste à temps partiel. Je n'en croyais pas mes oreilles. *Trailhead, Trailhead*, que je me répétais. *Mon magasin fétiche veut m'avoir, moi, Jean-François Carrey. Trailhead*, là où l'on retrouve des milliers d'accessoires de plein air, là où se croisent des gens qui vivent d'aventures et d'expéditions. Il me semblait bien que tous ces petits pas me mèneraient loin. J'allais les côtoyer, parler avec eux de la nature indomptable, mais apprivoisable. Ils me donneraient des conseils. J'apprendrais en travaillant. *Trailhead veut m'embaucher, moi l'apprenti poissonnier*. C'était fantastique. Je rêvais encore. Adieu thon, saumon, citron, je pars en expédition! Une semaine plus tard, j'avais pris une autre bouchée de cet éléphant que je planifiais dévorer.

Pourtant, sans le savoir et aveuglé par mes illusions, j'avançais vers une petite déception. Oui, je travaillais maintenant chez *Trailhead*, ce temple du plein air, mais je travaillais au sous-sol du magasin à déballer des cartons et à classer des bas, des polars, des manteaux, des gants, des tuques et des mitaines. Mes chances de me faire valoir et de rencontrer des mordus d'expéditions comme moi s'amenuisaient. Moi qui ambitionnais de toujours monter plus haut, j'étais maintenant au plus bas, au milieu de centaines de boîtes de carton plus silencieuses que des poissons, dans le sous-sol du magasin *Trailhead*. Pourtant j'avais confiance de m'en sortir.

Encore là, le vent a tourné en ma faveur. Un après-midi où, par hasard, je me trouvais à l'étage principal du magasin (il fallait bien que j'entre par la porte principale), un client m'a interpellé et m'a posé des questions bien précises sur certains produits qu'il prévoyait acheter. Je lui ai répondu avec enthousiasme et efficacité, si bien qu'une discussion engagée a suivi. Il revenait du Grand Nord et m'a raconté les faits saillants de son voyage que je trouvais extraordinaire et qui me faisait tant envie. On parlait montagnes, falaises, rivières, rapides, nord, sud, chaud, froid, Himalaya, Amérique du Sud, Mexique, Nord canadien. La discussion battait son plein quand, malheureusement, mon patron Wally m'a surpris en flagrant délit. Il m'a réprimandé et m'a renvoyé au sous-sol à vider des boîtes et à classer des bas, des tuques et des mitaines.

Mais de temps en temps, comme une marmotte au printemps, je ressortais de ce sous-sol et je me faisais connaître un peu mieux du patron qui m'a vite reconnu certaines compétences et est devenu ainsi de plus en plus sympathique à ma cause, jusqu'à m'offrir de travailler au rez-de-chaussée, sur le plancher, comme on dit. Travailler sur le plancher, c'était pour moi une excellente promotion. Pas tant sur le plan financier, mais sur celui de mon apprentissage et de ma préparation au grand voyage. Je rencontrais des clients, des guides qui revenaient d'expéditions dans des régions que je désirais explorer à mon tour. Je les observais, je les questionnais. Autrement dit, je les achalais, je ne les lâchais pas. Je voulais tout savoir. Je voulais marcher sur leurs traces un pas après l'autre pour un jour accomplir des pas de géant vers mon but.

Et puis un jour, j'ai osé poser la question à 50 000 $ à un guide de *Black Feather the Wilderness Adventure Company* avec qui j'avais jasé à quelques reprises.

- Avez-vous besoin d'un apprenti, d'un porteur, d'un guide pas mal expérimenté, qui sait faire cuire des grenouilles et qui n'a peur de rien, sauf des sous-sols de magasin?

C'est ainsi que, de rencontre en rencontre, de question en question, d'échange en échange, et parce que j'étais extrêmement achalant, Wally m'a donné l'occasion de faire une excursion sur la rivière Dumoine, située à la jonction des régions de l'Outaouais et de l'Abitibi-Témiscamingue, la dernière rivière sauvage dans le sud du Québec sans barrage hydroélectrique et entourée de forêts intactes. Ensuite, j'ai obtenu mon premier vrai contrat et je suis parti en tant qu'apprenti guide en expédition sur la rivière Nahanni dans les Territoires du Nord-Ouest. Je prenais encore une bonne bouchée de l'éléphant.

Chapitre 6
Le défi de Barbe Noire

Ça faisait longtemps que je voulais la parcourir, cette rivière Nahanni-Sud située à l'extrême sud-ouest des Territoires. Cette rivière dont j'avais tant entendu parler sillonne le parc national Nahanni sur 320 kilomètres et traverse d'immenses canyons de plus de 1 000 mètres de profondeur. Sur son parcours, on découvrira les chutes Virginia, hautes de 90 mètres, c'est-à-dire presque deux fois plus élevées que les chutes Niagara.

J'ai donc appris le métier de guide avec les experts de la compagnie *Black Feather* et à 17 ans, quand on me confiait, avec un autre guide, un groupe d'une douzaine de personnes que je devais amener en expédition et surtout ramener vivants de cette aventure.

Les participants à cette descente de rivière dans le parc national Nahanni, qui leur coûtait pas mal d'argent, pouvaient-ils se fier à un adolescent de mon âge censé les guider en toute sécurité sur des eaux de rivières bondissantes et glaciales? Oui. J'étais persuadé que je mènerais ma mission à bien. J'étais tout à fait conscient de mon allure juvénile et peu rassurante pour des adultes qui entreprenaient une aventure qu'ils imaginaient dans le style d'Indiana Jones. Je me suis donc regardé dans le miroir. Oui, je n'avais que 17 ans mais j'avais un avantage. J'avais la barbe forte et noire comme celle du capitaine Haddock. C'était la solution. Fini le rasage tous les matins. Une semaine plus tard je n'avais plus 17 ans quand je me regardais dans le miroir, j'en avais 25 et peut-être plus avec cette barbe fournie qui m'encadrait le visage et me donnait des airs d'aventurier très expérimenté. Ça devrait rassurer les clients.

C'était en juillet, je partais pour la première fois en tant que guide pour la pourvoirie *Black Feather the Wilderness Adventure Company*, avec un groupe d'une douzaine d'aventuriers que je guiderais pendant trois semaines en trekking d'abord, dans le *Cirque of the Unclimbables*, puis en canot sur la tumultueuse rivière Nahanni en compagnie de mon oncle Normand. Je me sentais d'attaque, j'avais confiance en moi et en la nature. Je croyais aussi que chacun de mes pas dans les Territoires du Nord-Ouest, que chaque kilomètre de montagnes et de rivières que je franchissais me mènerait toujours plus loin dans ma quête d'aventures.

Mais ce genre d'excursion comporte beaucoup d'imprévus, parce que la nature n'est pas toujours d'humeur égale et qu'elle a le tempérament plutôt changeant. Il faut donc s'adapter à ses sautes d'humeur, à ses caprices qui parfois présentent, pour l'expédition, des risques et des dangers évidents. Quand je prépare mes bagages pour une excursion de ce genre, je prends bien soin de laisser mon pessimisme à la maison et de faire une bonne réserve d'optimisme. Je suis tout à fait conscient de la menace de sérieux accidents de parcours pesant sur l'expédition et je sais que mes erreurs pourraient être fatales pour moi et les gens que j'accompagne. Je fonce toujours l'esprit ouvert, résolu à affronter toutes les embûches et tous les imprévus.

Jusqu'à la mi-temps du voyage, tout s'est bien déroulé. L'expédition allait bon train et tous les voyageurs étaient heureux et satisfaits. Mais, il faut bien un *mais* pour rendre l'aventure plus palpitante!

Un beau matin, alors que nous descendions la rivière dans une section où elle coule tumultueusement à fort débit, dans des passages étroits entre les falaises au milieu de roches et de tourbillons violents exigeant des manœuvres expertes, mon oncle Normand et moi, en premier, avons franchi avec succès ce passage difficile où la rivière décrit un angle de 90 degrés, suivi de deux remous appelés Figure 8. Mais l'équipe derrière nous a raté le virage et a heurté la paroi de la falaise. C'est alors que le canot a dévié et chaviré dans le tourbillon. Nous nous sommes empressés d'aller secourir les deux canoéistes qui nageaient de peine et de misère dans les eaux agitées et glaciales de la Nahanni-Sud. Mais il n'était pas facile de les saisir et de les hisser sur notre canot sans risquer de chavirer à notre tour. Ils semblaient tellement lourds, et comme ils se débattaient contre le courant, ils nous glissaient des mains. Après des tentatives répétées, nous avons enfin réussi la manœuvre et pu rescaper les malchanceux. On avait beau être en juillet, ces rivières qui coulent au nord du Canada n'ont rien de l'eau fumante d'un bain à remous bien chaud!

Les deux pagayeurs sauvés des eaux se sont étendus en croix sur notre canot fermé pour en assurer l'équilibre et nous les avons ramenés sur la rive, sains et saufs. Mais on a dû faire vite, car il nous fallait absolument récupérer leur canot qui dérivait et était emporté dans les rapides. Avec un canot, de l'équipement et des vivres en moins, l'expédition risquait d'avorter.

Nous sommes donc partis en catastrophe à la poursuite du canot qui, tel un cheval sauvage, dévalait la rivière à grande course. Nous avons exécuté ce que l'on appelle un sauvetage rodéo (*rodeo rescue*) dans le jargon du canot et nous avons finalement rattrapé ce canot à la dérive. Il nous fallait maintenant attacher avec une corde et ramener au bord de la rive à contre-courant ce canot rempli d'eau, qui semblait peser une tonne. Il fallait aussi continuer de pagayer pour ne pas être entraînés dans les rapides à notre tour. La manœuvre n'était pas simple et la rivière bouillonnante ne nous facilitait pas les choses. *Surtout, ne pas lâcher prise*, que je me répétais. De toutes mes forces, je retenais par le mousqueton fixé à son extrémité la corde attachée au canot. J'ai sauté du canot que dirigeait mon oncle et je me suis cramponné à des arbustes enracinés à la paroi d'une falaise abrupte, rocailleuse et glissante. Je n'avais pas les pieds solides et les roches glissaient sous mes bottes tandis que le canot continuait de m'entraîner vers la rivière. Pas question de laisser aller la corde. Je l'ai enroulée autour de ma taille. Je ne sais pas encore quelle force impulsive et quelle détermination inflexible m'ont permis de ramener le canot vers moi comme on attrape un taureau au lasso, mais le canot s'est calmé et, dans un mouvement de pendule, il s'est immobilisé sur le bord de la falaise, tandis que mon oncle Normand le retenait et empêchait sa fuite dans les rapides. Le calme revenu au sein du groupe, j'ai compris qu'avec de la volonté et du sang-froid, on pouvait venir à bout de presque tout.

Ainsi, toute l'équipe de cette expédition est sortie indemne de cette mésaventure et surtout ravie des paysages impayables, des moments d'aventure et de ces incroyables contacts avec la nature sauvage que chacun avait vécus.

J'admets aussi, avec un mélange de fierté et d'humilité, que cette expédition a prouvé au pourvoyeur *Black Feather* que je méritais sa confiance et que j'avais l'étoffe d'un guide malgré mon jeune âge. Je venais de prendre une autre bouchée de l'éléphant.

Chapitre 7

L'île d'Ellesmere, désert polaire ou désert de boue?

Grâce à ce voyage dans le parc national de la rivière Nahanni, j'ai vraiment fait mes preuves auprès de mon employeur *Black Feather* et, au cours des années suivantes, j'ai été guide en chef de plusieurs expéditions. D'expéditions en aventures, j'ai eu l'occasion de me rendre sur l'île d'Ellesmere, véritable désert polaire au paysage exceptionnel qui s'étend au nord de l'île de Baffin, au Nunavut, là où trônent des falaises qui se classent parmi les plus magnifiques au monde. La Terre d'Ellesmere est la troisième île du Canada en superficie et la dernière au nord de l'archipel arctique. Si vous la cherchez sur votre globe terrestre, vous la trouverez tout en haut, près du Groenland. Je me compte donc extrêmement chanceux d'y être allé quatre fois et d'avoir été bien payé pour accompagner des randonneurs, puisqu'une excursion de deux semaines sur cette île coûte environ 12 000 $ par personne, dépense que je n'aurais jamais pu me permettre dans le temps.

Cette fois, avec deux autres guides, j'accompagnais et je guidais un groupe d'une dizaine de personnes en trekking sur l'île d'Ellesmere. C'était ma première visite sur cette île. Nous en étions à la quatrième journée du voyage. C'était en plein été et nous avions quitté notre campement vers neuf heures le matin avec tous les bagages sur le dos pour traverser une vallée et aller nous installer plus loin pour la nuit. La marche était difficile, parce que le sol était très mou et boueux au creux de cette vallée. Tellement boueux aux abords d'un petit lac glaciaire, que nos bottes s'enfonçaient toujours plus profondément à chaque pas, ce qui créait une succion et ajoutait à l'effort de la marche. Soudain nous avons aperçu ce qui semblait une grande prairie d'herbe verte entre la colline et le lac. Nous avons décidé d'entreprendre sa traversée, mais surprise! cette belle prairie verdoyante avait poussé sur une immense surface de boue. Quel mirage! Il nous fallait donc poursuivre notre randonnée en nous éloignant le plus possible du lac pour rejoindre le flanc de la colline où nous espérions un sol plus sec.

Je marchais devant et, en me retournant, j'ai vu que les marcheurs calaient de plus en plus dans la boue. Mais pas question de faire marche arrière. J'ai conseillé au groupe de s'éloigner du lac et d'aller vers la colline où le sol un peu moins boueux était plus praticable. Nous avons tous bifurqué vers le flanc de la colline, sauf un des randonneurs qui n'arrivait plus à se déplacer et qui s'enfonçait dans ce sol mouvant. Il était embourbé jusqu'au torse et ne pouvait plus bouger, malgré tous les efforts qu'il déployait pour se dégager. Nous avons essayé sans succès de le sortir de là à l'aide de cordes, mais il n'y avait rien à faire, d'autant plus qu'on risquait de s'enliser avec lui en voulant le secourir.

Aucun randonneur de l'équipe n'avait déjà été confronté à une telle situation. Il n'y avait pas de solution miracle, mais je savais qu'il fallait nous débrouiller pour le sortir de là au plus vite. J'étais persuadé que nous avions quelque part en nous des ressources qui nous permettraient de solutionner ce problème bien imprévu.

Il fallait improviser, nous creuser les méninges, faire appel à notre imagination. Les secours ne sont pas à portée de main dans cette région sauvage et un hélicoptère appelé à la rescousse peut mettre trois ou quatre jours à arriver. C'est là que j'ai eu une idée, un petit éclair de génie. Nous avons utilisé des matelas de camping et nous nous en sommes servis à la manière de raquettes qui nous empêchaient de nous enfoncer dans la boue. Pas à pas sur nos énormes raquettes, nous nous sommes rendus jusqu'à l'homme qui continuait de tenter de se sortir de cette mauvaise posture. Il était épuisé. Je l'ai d'abord débarrassé de son lourd sac à dos et j'ai couru à grande vitesse et à grands pas sur la boue pour ne pas caler et j'ai réussi à déposer son sac au sec. Ensuite, je suis retourné vers l'homme enlisé et, avec un autre guide nous avons creusé une tranchée tout autour de lui, avec nos mains, pour le dégager. La boue était glaciale, nous avions les mains gelées et blessées, mais, au bout de deux heures d'efforts constants, nous avons triomphé de cette sale boue et nous avons réussi à extirper le pauvre marcheur de sa mauvaise posture. Nous avons pu enfin reprendre la route.

Cependant, l'homme était extrêmement fatigué par les efforts qu'il avait déployés pour tenter de s'extirper de cette boue collante et il avait de plus en plus de difficulté à avancer. J'ai laissé le reste du groupe prendre de l'avance et je suis resté avec lui pour l'aider. Il était tellement épuisé qu'il n'arrivait plus à placer un pied devant l'autre et son sac à dos était devenu trop lourd pour le peu de forces qu'il lui restait. Comme nous avions déjà presque deux heures de retard sur le reste de l'équipe, j'ai pris son sac à dos, je l'ai fixé solidement par-dessus le mien, et il a pu poursuivre l'expédition. Mais moi, avec ce surplus de 30 kilos sur le dos, j'ai trouvé plutôt éreintant le reste du parcours jusqu'à un lieu de campement qu'on ne finissait pas de trouver à cause du sol trop mou qui nous empêchait de piquer nos tentes.

Heureusement qu'il ne fait jamais nuit sur l'île d'Ellesmere et qu'on voit devant soi jusqu'à deux jours de distance, tant l'île est immense. Il nous était donc relativement facile de suivre la trajectoire de nos équipiers qu'on apercevait au loin comme de petites fourmis noires qui avançaient lentement.

Ce n'est que vers 23 h que nous avons finalement eu accès à un site sur une terre plus solide pour monter nos tentes. Nous avions faim. Il faisait froid, entre 0 et 5 °C. Tout le monde était exténué et le délicieux spaghetti que j'imaginais savourer avec le groupe me mettait l'eau à la bouche. Je ne l'ai peut-être pas précisé encore, mais le rôle du guide consiste à assurer la sécurité des voyageurs, à prévoir des endroits de campement et à préparer tous les repas. Ce soir-là, quand j'ai fait cuire les spaghettis, j'ignore par quel maléfice, mais les pâtes se sont transformées en une grosse boule de pâte informe qui ressemblait à de la pâte à modeler. Déception! Nous n'avons pas eu le choix, nous avons avalé cette espèce de colle épaisse, arrosée d'une bonne sauce aux tomates. Il fallait fermer les yeux avant d'en prendre une bouchée. Et comme dessert il s'est mis à neiger. Double déception!

Nul besoin de préciser que le sommeil m'a emporté rapidement ce soir-là. Cette journée d'enfer que nous venions de vivre nous avait pas mal découragés. J'étais épuisé, mais partagé entre deux sentiments : le désappointement face à cette journée pénible et la satisfaction à l'égard de l'esprit d'entraide qui avait régné dans le groupe au cours de l'opération de secours dans la boue. Je savais aussi que je devrais me lever tôt le lendemain pour préparer le café et le déjeuner. Moi, qui m'étais juré de ne jamais faire de neuf à cinq, voilà que je faisais maintenant du six à minuit, mais ces heures-là je ne les comptais pas, je les vivais avec passion! Le lendemain, au réveil, nous avons tous retrouvé courage. Le pire était sans doute derrière et nous n'avions pas le choix, nous devions aller de l'avant.

Tous ces voyages que j'ai vécus avec des clients d'ici ou de l'étranger, des gens que je ne connaissais pas et avec qui j'ai échangé le temps d'une expédition dans des régions souvent rebelles au relief accidenté m'ont beaucoup appris. Ces clients payaient cher pour vivre une expédition dont ils rêvaient et je ne voulais pas les décevoir. Je donnais le meilleur de moi-même et je crois que rapidement s'installait entre nous un climat de confiance. Malgré mon jeune âge, je sentais qu'ils me respectaient parce qu'ils reconnaissaient mon expertise.

J'ai côtoyé des grands de la finance, comme le vice-président américain de *Merrill Lynch*, dont j'entends encore les conseils quand je lui parlais de mon rêve : *Quand tu rédiges un projet qui te tient à cœur, frappe dès la première page; les autres pages, personne ne les regarde. Tout est affaire de marketing!*

Un autre client, un publicitaire renommé d'une mégacompagnie de céréales, m'a dit : *Si on refuse ton produit, tu l'imposes!* J'ai l'impression d'avoir retenu de chacun de ces gens influents des enseignements précieux qu'ils ne se doutent même pas de m'avoir transmis. C'est plutôt étrange de constater que, dans l'immensité de la nature, les liens entre êtres humains se resserrent naturellement, malgré les différences qui les séparent. Je reconnaissais qu'ils étaient tous des gens très efficaces et influents dans leur domaine respectif, mais qu'ici sur l'île d'Ellesmere, c'était moi l'expert sur qui ils devaient compter.

Je suivais ainsi ma route d'une merveille naturelle à une autre et rien n'allait plus m'arrêter, j'en étais convaincu et surtout résolu. J'avais encore mille paysages à découvrir et à parcourir et j'avais surtout cette vision à l'horizon : grimper l'Everest. À chaque tournant, je me découvrais des forces et des faiblesses. Mes plans d'avenir se précisaient et j'étais de plus en plus décidé à suivre cette route qui se dessinait toujours plus précisément droit devant moi.

Voici la première de quatre séries de photos qui illustrent mon périple et mes aventures.

Ces photos montrent diverses étapes de ma vie qui m'ont mené à la conquête de l'Everest.

Jean-François

Première expérience d'alpinisme à 12 ans

Photo : André Ouellette

Durant mes cinq jours de survie dans les Cadets

L'Arctique canadien

Sur une rivière dans les Territoires du Nord-Ouest à 17 ans

Traversant une rivière avec le sac d'un client

Cirque of the Unclimbables sur la rivière Nahanni

Je fais du pain dans les Territoires du Nord-Ouest

Bœufs musqués sur l'île d'Ellesmere

Chapitre 8
Le T-shirt de mes rêves

Au cours de mes études secondaires, la plupart de mes camarades de classe se payaient un voyage au Mexique ou à Cuba pour fêter au soleil sur d'immenses plages de sable chaud les vacances de mars. Je me revois, assis dans l'agora de l'école, avec mon ami David à discuter d'un plan de vacances. Le Sud, le soleil, ce n'était pas pour moi. Mais pourquoi pas Chamonix, le mont Blanc, la France? Un autre rêve se réalise donc qui, additionné à mes autres réalisations, s'ajoutera à cette pyramide d'aventures que je voulais échafauder.

À 18 ans, avec ma première carte de crédit Visa et la marge de crédit de 1 400 $ qu'elle me permettait, je suis parti à Chamonix avec mon copain pour faire de la planche à neige sur le superbe mont Blanc, le point culminant de la chaîne des Alpes. Décidément, les hauts pics me fascinaient et ce voyage m'a vraiment donné la piqûre de l'escalade. J'avais travaillé et économisé le plus d'argent possible pour me payer ce voyage. Je me suis même endetté, tout en sachant que je pourrais rembourser ces dettes en travaillant pour *Black Feather* à mon retour. S'il y a un saut à exécuter pour franchir un obstacle, il faut y aller et sauter. Si on tombe dans la boue, on se relève et on recommence, c'est tout.

À la toute fin de mes études secondaires, je discutais avec mon ami et ancien scout Christito d'une destination voyage, question de prendre une pause pour mieux réfléchir à mes projets d'avenir. Fraîchement diplômé, j'ignorais la direction à prendre. Aller à l'université? Dans quel domaine? Pour quoi faire? Pour faire comme tout le monde? Pour suivre des directions imposées par la société? Je ne savais plus. Avec Christito, une idée de génie s'est alors allumée au-dessus de nos têtes d'adolescents : le Népal. Voir l'Everest de nos propres yeux. Autour de nous, on nous trouvait excessifs, un peu fous, mais l'idée a cheminé, et pas question de faire marche arrière. Nous partirions pour le Népal et c'est vraiment ce voyage qui a été le point crucial dans mon cheminement. J'avais établi de bons contacts avec des alpinistes en travaillant chez *Trailhead* et c'est le visionnage du diaporama d'un passionné d'expéditions qui m'a convaincu de me lancer dans cette aventure. Il m'a recommandé une compagnie d'expéditions népalaise dont les tarifs raisonnables me permettraient d'épargner des frais. Je me suis donc permis une année scolaire sabbatique pour me préparer à vivre ce voyage tout en travaillant chez *Trailhead*.

Il est évident qu'on ne part pas escalader les montagnes du Népal à la légère, il faut s'informer, se documenter auprès de gens d'expérience. Il faut aussi être accompagné de guides et acheter les permis exigés par le gouvernement du pays. Christito et moi avions amassé suffisamment d'économies pour faire une expédition d'une durée d'un mois et demi, avec le guide sherpa Nuri Chiri, et un porteur fourni par une agence d'expéditions népalaise.

Le Népal, quel dépaysement! Rien ne ressemblait à rien que j'avais connu et même que j'avais vu dans les magazines *National Geographic*. J'y étais enfin et je n'en croyais pas mes yeux devant ce paysage, cette nature de roches, de neige, de montagnes, de glaciers et de villages perchés, accrochés dans le roc. Et ces gens souriants et polis à la peau brûlée par le soleil n'avaient rien à voir avec notre civilisation nord-américaine. L'aventure ne faisait que commencer. Christito et moi, nous étions comme des enfants.

Dès notre arrivée à Katmandou, je me suis senti complètement dépaysé. Un taxi nous a menés à notre hôtel par des rues étroites, bordées de commerces de toutes sortes où roulaient pêle-mêle des mobylettes, des vélos, des motocyclettes, des voitures, des camions, des pousse-pousse, des rickshaws et des taxis. Dès que le taxi s'immobilisait, des indigents du pays se mettaient à nous harceler et à nous demander de l'argent en faufilant leurs mains quêteuses par les vitres ouvertes du véhicule, comme si nous étions de riches touristes. J'ai alors revu dans ma mémoire les scènes d'un film où le célèbre héros Indiana Jones roulait en taxi dans des rues semblables et où les gens couraient à côté de la voiture pour lui demander de l'argent. Le long des rues de Katmandou, des milliers d'affiches, d'annonces et d'écriteaux, colorés comme des drapeaux, défilaient sous nos yeux. J'étais loin, j'étais ailleurs, et plus rien ne ressemblait au Canada.

À partir de Katmandou, nous avons pris un petit avion qui nous a amenés dans un village où nous devions rencontrer notre sherpa. Jamais je n'oublierai cet atterrissage entre deux montagnes de neige, de roc et de glace. L'avion de brousse ne se pose pas sur la piste, on dirait plutôt qu'il plonge et freine sèchement en touchant le sol pour ne pas frapper la montagne. Quel atterrissage!

Nous avons marché une dizaine de jours pour nous rendre au camp de base de l'Everest avant de partir à l'assaut de la montagne Island Peak ou Imja Tse, haute de près de 6 200 mètres. En route vers ce camp de base, nous avons rencontré des alpinistes qui avaient rebroussé chemin puisque, disaient-ils, une énorme faille s'était creusée et que l'ascension de la montagne Imja Tse, aussi appelée Island Peak, devenait trop hasardeuse. Nous avons beaucoup hésité avant d'entreprendre la montée de l'Imja Tse, mais nous avons décidé d'aller voir de nos propres yeux si on pouvait risquer l'expédition. Nous voulions tout tenter avant de renoncer. Revenir sur nos pas m'apparaissait trop défaitiste.

Nous avons donc amorcé l'ascension vers 1 h du matin, éclairés par nos lampes frontales. Rendus sur le glacier, juste avant d'entreprendre l'escalade de la paroi qui conduit au sommet, nous avons constaté que nous n'avions plus accès au passage habituel qui menait au faîte de cette montagne, puisqu'une profonde crevasse s'était formée entre nous et la route, comme les alpinistes nous l'avaient expliqué. Comment franchir cette crevasse? Le défi était de taille. C'est là que notre sherpa a aperçu un énorme bloc de glace qui était tombé et s'était coincé au fond de la crevasse. C'était la solution, d'après lui : descendre dans la crevasse, la traverser en marchant sur le bloc de glace et monter sur l'autre paroi de la crevasse pour reprendre l'ascension de la montagne jusqu'au sommet. Ce qui fut dit fut fait et nous avons franchi la crevasse.

L'escalade était pénible à cause de la pente abrupte et de la glace raboteuse. Vu l'inclinaison d'environ 75 degrés, il fallait planter notre piolet, s'y accrocher, s'y retenir et repartir, toujours plus haut, en recommençant la manœuvre. Le mal de l'altitude nous guettait. Nous avions le souffle court. Chaque mouvement devenait de plus en plus laborieux. Au plus difficile de l'ascension, je me disais : *Surtout ne pas tomber dans ce vide, au fond de ce gouffre d'où l'on ne ressort jamais vivant.* J'ai eu peur. Et pour me donner du courage, je regardais ces paysages indescriptibles de pics et de montagnes et l'audace me revenait. Nous avons mis neuf heures à grimper la dernière paroi de glace haute de 200 mètres. En tout, l'ascension nous a pris 22 heures.

Debout au sommet de la montagne Imja Tse, je me suis senti tellement inspiré, tellement motivé, entouré d'un cirque de montagnes toutes plus hautes les unes que les autres, qu'il était clair qu'un jour, j'irais plus haut. La veille, j'avais clairement vu mon rêve se découper dans le ciel bleu : l'Everest. Maintenant, il me semblait encore plus évident que je réussirais à l'escalader, puisqu'il était juste devant moi, tout près.

Ensuite il a bien fallu descendre, en faisant du rappel. À chaque mètre que je descendais, ma motivation montait, grandissait. Je donnais rendez-vous à l'Everest. Ce serait pour une prochaine fois et alors je serais prêt, parce que j'aurais mis six ans à me préparer et à en rêver.

En nous arrêtant au village de Namche Bazar pour dormir, nous avons rencontré l'équipe qui avait renoncé à escalader la montagne au début de notre trekking. Ces alpinistes nous ont reconnus et nous leur avons dit que nous avions réussi l'ascension. Ils nous ont applaudis et nous ont félicités.

Nous étions si fiers et c'est là que j'ai eu l'idée de faire imprimer six T-shirts, avec l'inscription : *Expédition canadienne-française Everest*. Si je grave ma décision sur un T-shirt, je n'aurai pas le choix de tenir mon engagement. J'en ai porté un bien fièrement comme un drapeau et les cinq autres, je les ai offerts à mes amis à mon retour à la maison. Quand j'en ai donné un à mon ami Martin en lui parlant de mon rêve de l'Everest qui semblait démesuré, il m'a dit : *Ton projet, c'est comme manger un éléphant, il faut le manger une bouchée à la fois*. J'ai toujours conservé cette phrase dans mon esprit.

Dans le même ordre d'idées, au retour de ce voyage, j'ai fait part de mon rêve d'escalader l'Everest à tous mes proches et à tous ceux qui voulaient l'entendre, comme pour graver mon plan dans le roc et respecter la promesse que je me faisais, tout en recevant les encouragements de ceux qui croyaient en moi. Ce projet équivalait à six ans d'entraînement soutenu, à un séjour de deux mois et demi au Népal dans des conditions pas toujours faciles et à un investissement important de 100 000 $ qui comprend tous mes frais d'expédition en vue de me préparer pour l'Everest!

Chapitre 9
L'université et le plein air : l'utile et l'agréable

Mon ami Martin avait déjà complété une année d'études à l'Université d'Ottawa en commerce et il m'avait convaincu que ce programme pourrait me servir, sans égard pour l'orientation que je prendrais. Je me suis donc inscrit à l'Université d'Ottawa pour faire un baccalauréat en commerce international. Déjà, le mot international était pour moi synonyme de voyages et s'inscrivait dans le cheminement d'avenir que j'entrevoyais.

Dès mon entrée à l'université, avec mes fidèles amis, Étienne et Martin, nous avons mis sur pied un club de plein air que nous avons baptisé le Club Yéti. Ce nom, je l'avais retenu de mon récent voyage au Népal, parce qu'en montant au camp de base, mon groupe s'était arrêté dans un monastère bouddhiste tibétain où, pour quelques sous, on nous montrait la tête du yéti, animal légendaire de l'Himalaya, une espèce d'abominable homme des neiges poilu, pouvant mesurer trois mètres, qu'il valait mieux ne pas rencontrer! Un moine nous a donc désigné, dans une boîte de verre, le *Yeti Cap*, la tête du yéti de forme conique et recouverte de poils. Je me suis peut-être fait avoir, mais peu importe si c'était la vraie tête du yéti ou une noix de coco recouverte de poils de yak, j'ai adoré cette visite chez les moines parce qu'elle ajoutait à la magie du voyage.

Le Club Yéti que nous dirigions organisait des activités de plein air variées destinées aux étudiants : des excursions en raquettes, à ski ou en canot, du rafting, du camping et de l'escalade. C'était aussi une façon de financer les voyages et les excursions qui me prépareraient en vue de l'ascension de l'Everest.

Je me suis alors découvert un petit sens du marketing et toutes mes démarches de commercialisation ont contribué à le développer et à l'améliorer. Nous avions installé un stand d'information dans le hall de l'université et, pour exposer les dépliants publicitaires de nos activités, j'ai coupé un kayak en deux et cette étagère artisanale servait de présentoir. Nous proposions une ou deux expéditions par mois et une semaine de camping en octobre. Les voyages affichaient presque toujours complet, si bien que la fédération étudiante nous a remis un prix d'entrepreneuriat!

Un jour que nous effectuions un départ en autobus pour une fin de semaine de camping d'hiver, j'ai vu arriver un jeune étudiant d'origine africaine qui s'était inscrit à cette activité. Pour tout bagage, il avait son porte-documents et il était en soulier de ville. Cela ne l'a pas empêché de vivre l'une des plus belles expériences de camping de sa vie en sol canadien. J'étais vraiment enchanté de partager mon hiver canadien avec lui. Heureusement pour lui, j'avais prévu des sacs de couchage et des tentes supplémentaires!

Le Club Yéti marchait rondement, mais il ne générait pas les rentrées d'argent que j'avais espérées. Il n'était pas question non plus d'exploiter les étudiants en augmentant nos tarifs. Nous étions solidaires et avions beaucoup de plaisir à organiser les expéditions. Aussi, avec nos maigres rentrées d'argent, nous avons fait imprimer 2 000 T-shirts *Yéti Everest* que nous ne vendions pas cher, mais le double de ce que nous avions payé. Nous ne faisions toujours pas beaucoup d'argent, mais nous n'en perdions pas. Et, dans ce cheminement de marketing, je développais mon sens de réseautage à force de contacts et de liens que j'établissais ici et là avec des commanditaires potentiels.

J'étais toujours en quête d'autres sources de financement, pour rassembler les milliers de dollars qui me permettraient une aventure de plus de deux mois au Népal.

En feuilletant un jour le journal étudiant *La Rotonde*, j'aperçois une annonce de concours : le *Big Break Contest*, commandité par la compagnie Nescafé. Le prix : 20 000 beaux dollars qui me permettraient de gravir plus rapidement les marches vers l'Everest. Il s'agissait de rédiger un projet de rêve original, mais réalisable. Avec l'appui de mes professeurs, j'ai dressé un excellent plan d'affaires et j'ai soumis mon projet d'escalader l'Everest au *Big Break Contest*.

Tout à coup, la chance me sourit. Je reçois une lettre. Je suis retenu parmi une dizaine de jeunes qui remportaient un voyage d'une semaine à Acapulco, là où le grand prix serait remis. J'avais déjà un calendrier chargé, mais je n'allais tout de même pas lâcher. J'avais des chances de gagner. J'en étais persuadé, mais le temps pressait. Mille projets qui se dessinaient devant moi, dans lesquels je m'étais engagé. Mes professeurs bien-pensants et voulant mon bien tentaient de réfréner mes ardeurs, de me ramener dans la « bonne » direction, mais par affection et par conviction, ils ont fini par soutenir ma détermination peu commune. Ils ont donc été conciliants et m'ont autorisé des congés spéciaux pour faciliter mon entraînement. Mon parcours universitaire est ainsi devenu un projet réalisable, la matérialisation d'un rêve, plutôt qu'un apprentissage.

Dans le cadre du concours de Nescafé, je me suis donc rendu à Acapulco pour le dévoilement du prix, quatre jours plutôt que sept, car le temps me manquait entre les études et les expéditions. Nous devions tous présenter notre projet oralement et c'est là que j'ai compris que j'avais peut-être une fibre de conférencier. Justement, à la suite de cette expérience, j'ai commencé à faire des présentations et des mini-conférences sur mes voyages.

Roulement de tambour... Et le gagnant est... Pas moi! La gagnante était une jeune fille qui rêvait d'être pilote d'avion.

Échec! Peut-être Nescafé avait-il trouvé mon projet trop ambitieux et peu réalisable? Je n'ai pas gagné, mais je n'ai rien perdu non plus! J'ai reçu cette déception comme un grand coup de pied au derrière qui m'a propulsé vers mes autres projets déjà mis en chantier, puisque je partais une semaine plus tard en Argentine, vers la cordillère des Andes et l'impressionnant mont Aconcagua.

Ne jamais lâcher prise. Jamais, malgré quelques défaites. Je suis tenace. Une bouchée à la fois, dévorer ce rêve éléphantesque.

Chapitre 10
Chute fatale dans le parc de l'Aconcagua

En 2001, j'ai différé mes examens de mi-session pour aller passer les vacances des fêtes de Noël en Argentine et escalader le mont Aconcagua dans la cordillère des Andes. Il s'agit du plus haut sommet de l'Amérique avec ses 6 962 mètres d'altitude, mais le gravir exige peu d'habileté technique puisque son ascension, sans être facile, est abordable. Cependant, on ne peut atteindre un tel sommet sans une sérieuse acclimatation à l'altitude et à la rareté de l'air.

Le long de ce parcours, il faut se méfier du mal d'altitude et des défis et dangers qui guettent habituellement le grimpeur : les engelures, le manque d'oxygène et la déshydratation. Il faut savoir que le corps exhale au moins quatre litres d'eau par jour dans la rareté de l'air et qu'il pourra être menacé d'un œdème cérébral ou pulmonaire causé par le manque d'oxygène ou d'une cécité attribuable à la puissance des rayons ultraviolets du soleil.

Pour réussir et profiter au maximum de l'expérience d'une ascension comme celle du mont Aconcagua, il faut évidemment s'entraîner et se préparer. Une excellente forme physique, cardiovasculaire, pulmonaire, musculaire et mentale est essentielle et n'arrive pas par magie. Il faut la stimuler. Le vélo, la course à pied, le ski de fond sont d'excellentes façons de garder la forme. Et il ne faut surtout pas oublier qu'on ne part jamais seul, on part toujours avec un sac à dos dont le poids peut aller jusqu'à 25 kilos. Il faut aussi prévoir l'équipement approprié : piolet, bâtons, crampons, corde et baudrier, mousquetons, vis à glace, pieu à neige, etc. Il faut s'aguerrir et s'habituer à marcher, à monter des côtes abruptes ou des escaliers, à faire de l'escalade avec un poids sur le dos, et ne jamais oublier une bonne provision d'eau, de l'ordre de trois à cinq litres par jour au cours d'une expédition de longue haleine.

J'ai compris aussi qu'il fallait développer énormément de patience et de volonté pour pouvoir avancer dans des conditions particulièrement difficiles et qu'il faut absolument évaluer et connaître ses propres forces et faiblesses autant que sa motivation, parce que les expéditions sont toujours exténuantes et que les nuits de repos sous une tente étroite sont souvent entrecoupées ou écourtées à cause de la difficulté à respirer et des malaises liés à la haute altitude. Les maux de tête, la nausée et les crampes d'estomac en sont les pires symptômes. Il est donc évident que le processus d'acclimatation à l'altitude augmentera mes chances de réussite lors de l'escalade du sommet de l'Aconcagua. Je me concentre donc sur le fait que je devrai prendre le temps de monter lentement et maintenir ce rythme pour ne pas m'épuiser inutilement.

Les chances de succès d'une ascension en montagne dépendent de plusieurs facteurs contrariants et inattendus qu'il faut apprendre à maîtriser, sinon à contourner. J'ai beaucoup lu sur le sujet et j'évoluais dans cette direction pour assurer ma sécurité.

Je suis resté un mois dans les Andes, entre décembre et janvier. J'ai donc passé les fêtes de Noël et du Jour de l'an sous la tente sans tourtières, ni dinde, ni sauce, ni patates pilées, sans sucre à la crème ni biscuits de Noël. Bien sûr, je m'ennuyais de ma famille et de mes amis, mais c'était supportable parce que j'en avais décidé ainsi et que ces privations faisaient partie du programme d'entraînement que je m'étais établi. Noël, c'est beau, mais les Andes, c'est exceptionnel! J'avais fait un choix et je m'en accommodais bien.

C'était le 24 décembre. Il faisait froid. Il fait toujours froid en haute montagne. Je dors bien sous la tente, mais j'ai le sommeil léger à cause du manque d'oxygène et je suis souvent réveillé pour chercher mon souffle. Au matin, sortir de son sac de couchage est une épreuve presque aussi difficile qu'escalader une paroi de glace. Souvent dans ces moments-là, je me revois à mes premières expériences chez les Scouts quand, au matin, il fallait sortir à -20 ºC d'une tente et gigoter comme une barbote au bout d'un hameçon pour tâcher de se réchauffer. C'est comme ça que j'ai appris à défier le froid et à m'endurcir devant l'inconfort.

Dans le cadre de ce voyage en Argentine, nous étions cinq. L'agence que j'avais contactée pour cette expédition dans les Andes m'avait intégré à un groupe de quatre gars de l'armée anglaise. En route vers le camp de Piedra Grande, nous nous sommes installés dans un campement bien connu, le camp de base de Plaza Argentina. Tout près de nous, un groupe d'alpinistes coréens avaient également dressé leurs tentes.

En après-midi, deux de ces alpinistes coréens ont décidé d'aller escalader une paroi de la montagne. Par négligence ou par témérité, ils ne se sont pas attachés. D'où on était, on les voyait grimper. Tout à coup, l'un d'eux s'est mis à se débattre contre la falaise rocheuse. Il n'arrivait pas à s'agripper. Il a glissé. Dans une chute d'une cinquantaine de mètres, il s'est écrasé sur des rochers. De loin, j'ai tout vu. Saisi par cette image, mais secouriste dans l'âme, je suis parti à sa rescousse. Arrivé près de lui, j'ai compris que la chute lui avait peut-être été fatale. On aurait dit un pantin sans fils, qui s'était écrasé là, tout disloqué. Si au moins il s'était attaché... si au moins... Ses amis coréens criaient *Yungy, Yungy, Yungy*. C'est tout ce que l'on pouvait comprendre, son nom : Yungy.

Nous avons décloué le toit de tôle d'une cabane abandonnée et, avec mes collègues, nous l'avons déposé sur cette civière improvisée. Deux heures durant, nous avons tenté de le réanimer. Le bouche-à-bouche et toutes les techniques de réanimation n'ont été d'aucun secours. Son thorax a cédé. C'était sans recours. Ses poumons ne répondaient plus. Son torse avait une consistance de gélatine. Nous l'avons déclaré mort et avons tenté de le dire à ses amis coréens qui ne parlaient ni anglais, ni espagnol, ni français. Nous l'avons finalement enveloppé dans son sac de couchage. Nous avons appelé des secours qui ont été longs à venir à cause des grands vents qui empêchaient les hélicoptères de voler.

Le pauvre alpiniste coréen est décédé sous nos yeux dans la nuit de Noël. Un hélicoptère est enfin venu récupérer son corps le lendemain. Cette tragédie m'a marqué, mais sans banaliser la mort de ce jeune Coréen, je me suis dit que j'étais bien vivant et qu'il me fallait continuer, malgré tout. Je me sentais pourtant si loin de chez moi. Et ce terrible accident arrivait juste au début du parcours et nous étions là pour un mois.

Au cours de l'expédition, l'image de la chute fatale de cet alpiniste est restée fixée dans mon esprit et je me répétais sans cesse que je devais mettre toutes les chances de mon côté pour réussir mes ascensions sans incident fâcheux. J'essayais de chasser la scène de cette catastrophe de ma tête par tous les moyens en me concentrant sur le décor fantastique qu'offrait le mont Aconcagua, mais elle revenait me hanter pour me prouver la fragilité de l'être humain et la prévoyance dont il doit se munir pour affronter la nature hostile et ses imprévisibles embûches.

Nous avons traversé des champs de *penitentes,* qui sont des pics de neige durcie ou de glace entassés les uns contre les autres, parfois hauts de quelques centimètres mais pouvant atteindre jusqu'à deux mètres, un peu comme des stalagmites qui se formeraient au fond des vallées quand la neige fond au soleil. Ces champs de *penitentes* offrent un paysage absolument féerique, mais en même temps ils sont un obstacle, puisqu'ils rendent la marche cahoteuse et la montée glissante.

Tout n'est jamais parfait et même si l'ascension semblait aisée tout au long du parcours, j'ai cru m'apercevoir que les guides embauchés pour ce voyage avaient tendance à laisser notre groupe errer et monter sans vraiment nous orienter ou être attentifs à nos besoins. Ils étaient trois et se dirigeaient rapidement vers le sommet de l'Aconcagua pour attendre notre arrivée. En observant leur comportement, que je jugeais un peu négligent, j'ai quand même appris d'eux. J'ai appris qu'il me fallait un entraînement extrêmement rigoureux qui me permettrait de pouvoir me débrouiller seul, puisque dans certaines circonstances, je ne pourrais compter que sur moi.

Avec les autres grimpeurs, j'ai foncé et j'ai atteint le sommet du mont Aconcagua, le toit des Amériques d'où l'on voit l'océan Pacifique. Quel décor spectaculaire!

Nous étions deux à avoir atteint ce sommet et nous carburions à l'adrénaline. Mission personnelle accomplie. Mais la réalité nous a vite rattrapés. En redescendant, nous avons rencontré Bob, un grimpeur de notre équipe laissé derrière. Il traînait la patte et semblait très affecté par l'altitude. Si les guides nous avaient accompagnés plus consciencieusement, ils se seraient sans doute rendu compte de son problème. Bob grimpait péniblement vers le sommet. On voyait bien qu'il n'y arriverait pas et que la montée était risquée pour lui. Il avait les yeux hagards, il titubait et semblait à bout de forces. Il était déterminé, malgré sa divagation. Il voulait continuer de monter pour atteindre le sommet à son tour. Nous avons tenté de le convaincre de descendre pour lui éviter une chute fatale. Il était entêté, mais je l'étais plus que lui. Je l'ai convaincu qu'il ne pouvait absolument pas poursuivre l'ascension. Il a finalement cédé et a accepté qu'on l'aide à descendre. Avec des cordes, nous lui avons conçu une sorte de harnais pour l'empêcher de tomber, tandis qu'il descendait devant nous et que nous le retenions de se précipiter dans le vide.

Ce sauvetage m'a réconcilié avec l'expédition. Oui, l'aventure a débuté sur une note tragique avec le décès d'un alpiniste coréen, mais cette fois, j'avais l'impression d'avoir secouru un partenaire comme j'aurais aimé qu'on me porte secours dans la même situation.

Chapitre 11
Échecs en escalade volcanique

En 2003, j'ai participé à un échange d'étudiants avec l'*Instituto Tecnológico y de Estudios Superiores* de Monterrey au Mexique. Je suis parti pour la durée d'un semestre poursuivre mes études universitaires en vue de perfectionner mon espagnol et dans le but précis d'escalader le plus haut sommet du Mexique, appelé Pic d'Orizaba, un volcan haut de 5 675 mètres. Bien qu'il n'y ait pas eu d'éruptions majeures depuis plusieurs siècles, ce volcan n'est pas considéré comme éteint et il demeure toujours sous surveillance.

J'étais donc installé chez une sympathique famille mexicaine à Monterrey, une des plus grandes villes industrielles du Mexique. Souvent, après mes cours le vendredi, je prenais l'autocar de nuit et je filais vers Tlachichuca où un pourvoyeur m'attendait dans sa vieille jeep pour me conduire au pied du volcan. Je partais pour quatre jours avec tout mon équipement d'escalade, y compris ma tente. La dame de la famille Villareal chez qui j'habitais à Monterrey se moquait gentiment de moi. Elle se demandait bien pourquoi je tenais tant à aller escalader des régions de neige, moi qui venais d'un pays nordique et qui aurais dû, au contraire, profiter du climat chaud et ensoleillé du Mexique.

La première fois que j'ai tenté seul d'escalader le Pic d'Orizaba, je n'ai pas réussi, parce que mon séjour était trop court et je n'avais pas suffisamment de temps pour m'acclimater. Mon organisme n'arrivait pas à s'adapter au manque d'oxygène. Pourtant, l'ascension n'était pas si ardue. C'était souvent de la pierraille, parfois recouverte de neige ou de glace ; rien que je ne connaissais pas. Pourtant, en milieu de montée, j'ai été pris du mal d'altitude. Je montais trop rapidement. J'avais mal à la tête, j'étais étourdi et je ressentais une grande fatigue. C'étaient des symptômes évidents du mal de la montagne et, par précaution, j'ai dû me résoudre à descendre. L'échec faisait partie intégrante de l'apprentissage et je savais que je reviendrais et que je le grimperais jusqu'en haut, le fameux Pic d'Orizaba!

La deuxième fois que j'ai attaqué ce volcan, j'étais toujours seul, mais vraiment mieux acclimaté. Cette fois, je réussirais. La montée s'amorçait parfaitement bien et je sentais que mon système réagissait normalement au manque d'oxygène. Tout allait bien. Rien ne m'empêcherait d'atteindre le sommet. Erreur! *Jean-François Carrey, tu n'as pas tout prévu!*

Le soir, juste comme je m'apprêtais à me coucher après avoir dressé ma tente, la neige s'est mise à tomber doucement d'abord, puis de plus en plus fort, charriée par de grandes rafales de vent. C'est alors qu'une puissante tempête s'est élevée. Des vents violents agitaient ma tente. Les arceaux tenaient bon, mais bougeaient et oscillaient à chaque bourrasque. Comme si ça ne suffisait pas à m'effrayer, des éclairs se sont mis à allumer le ciel de neige, suivis du tonnerre qui grondait comme un yéti autour de moi. Je dois l'avouer, cette nuit-là, j'ai vécu une vraie frousse d'alpiniste.

Qu'est-ce que je fais ici tout seul sur un volcan enneigé du Mexique? Je me le demandais bien. Comme je ne pouvais pas descendre de la montagne dans cette tempête, j'ai passé la nuit sous la tente, mais inutile de vous dire que je n'ai pas fermé l'œil. Au matin, le calme revenu, j'ai plié bagage et je suis retourné à Monterrey. Nouvel échec. Deux à zéro pour le Pic d'Orizaba! Mais qu'est-ce que ce volcan avait donc contre moi? Je lui montrerais bien, un jour, que la partie n'était pas finie, car je prendrais le temps nécessaire pour arriver au sommet. Mes expéditions de fin de semaine étaient de trop courte durée pour me permettre d'escalader ce volcan. Ce problème, j'allais le régler en planifiant une expédition de plus longue durée la prochaine fois.

C'est à l'automne de 2006 que je suis retourné au Mexique et que j'ai finalement gravi le fameux sommet du Pic d'Orizaba. La partie était gagnée et nous étions tous deux vainqueurs.

Tout le temps que j'ai vécu à Monterrey, je voyageais à l'université à vélo et je m'entraînais quotidiennement et rigoureusement. Je mettais les bouchées doubles, car je savais qu'immédiatement après cette session d'études, j'irais escalader le fameux mont McKinley en Alaska. Je faisais du jogging, de la course, de l'escalade et la majorité des exercices de conditionnement physique prescrits pour atteindre une forme physique exceptionnelle et obtenir l'endurance requise pour atteindre mon but ultime. Comme Monterrey est entouré d'un massif montagneux, j'avais accès à plusieurs sommets. Six fois par semaine, je me rendais à la course au sommet de la montagne Cerro de la Silla, qui était située juste derrière la maison des Villareal.

J'étais toujours à la course dans ma tête aussi. Un projet finissait et j'en commençais un autre. Ça n'avait jamais de fin et cette vie trépidante me convenait parfaitement. Je n'arrêtais pas de provoquer les occasions d'apprendre, de découvrir et d'explorer mes capacités physiques et mentales.

Après mes études au Mexique, je suis revenu passer une semaine chez nous à Ottawa. Je n'ai eu que le temps de me préparer à repartir puisque, dans cette foulée, j'ai participé à un entraînement d'escalade glaciaire et de sauvetage en crevasse au mont Baker, une montagne massive, haute de 3 285 mètres, située dans le nord de l'État de Washington aux États-Unis. J'avais 21 ans et j'étais le plus jeune de l'équipe. Le guide me faisait confiance et n'hésitait pas à me donner des responsabilités. J'ai grandement bénéficié de ce programme d'une durée de dix jours qui nous apprenait à rescaper, à l'aide d'un système de poulies, un alpiniste qui ferait une chute dans une crevasse. Je sentais que je progressais, que mon apprentissage allait bon train, et surtout qu'il pourrait servir au cours de mes expéditions à venir. J'étais de plus en plus motivé à persister dans ma démarche.

Tout de suite après cette formation au mont Baker, je suis parti 30 jours à la conquête du sommet du mont McKinley en Alaska, la plus haute montagne de l'Amérique du Nord, et c'est là que j'ai compris que j'étais presque prêt pour l'Everest.

Chapitre 12

Sur le toit de l'Amérique du Nord

Le mont McKinley est situé au cœur de l'Alaska aux États-Unis, dans le Parc national de Denali, et il s'élève à 6 194 mètres. L'interminable trajet pour arriver à son sommet est presque aussi exigeant que le trajet vers le pic de l'Everest, qui est pourtant plus élevé de près de 3 000 mètres. On y retrouve les mêmes conditions difficiles et souvent menaçantes : la neige, le vent, la haute altitude, les avalanches et le froid atteignant -40 °C même en été.

C'était en juin. Je m'étais joint à un groupe de huit alpinistes et de trois guides. J'avais hâte de partir, de m'installer dans l'avion et décoller. Nous sommes finalement montés à bord d'un avion de brousse canadien, un Turbo Otter de Havilland, pouvant accueillir huit passagers. Partis d'Alaska et plus précisément de Talkeetna, petite ville située à trois heures d'Anchorage, nous sommes rapidement passés d'un paysage nordique à l'autre. Nous avons d'abord survolé des kilomètres de forêt sans fin pour apercevoir ensuite des kilomètres de pics blancs les uns derrière les autres. Tout était blanc autour de nous. Blanc, juste blanc. C'est alors que notre petit avion rouge muni de skis s'est faufilé entre les montagnes pour atterrir et glisser sur la neige. J'étais loin, j'étais ailleurs encore. Le paysage m'impressionnait. À la descente de l'avion, il était évident que nous étions les seules taches de couleur dans l'immensité du paysage.

Notre équipement bien organisé, de pelles, piolets, scies, cordes, tentes, accessoires de cuisine, nous sommes partis en portant un sac de 30 kilos sur le dos et en tirant un traîneau du même poids. Et plus nous montions, plus l'air se raréfiait. Pour éviter le mal d'altitude, il fallait prendre le temps d'atteindre le maximum d'acclimatation possible avant d'attaquer le sommet, c'est-à-dire monter à une altitude confortable et revenir sur nos pas pour passer la nuit et ainsi de suite : monter et redescendre encore, pour acclimater notre système au manque d'oxygène et aller approvisionner les campements avec des réserves d'oxygène. La neige et les vents nous ont contrariés et nous ont obligés à passer quatre jours au même campement au cours de cette expédition.

Nous nous déplacions et progressions vers le haut en cordée, c'est-à-dire attachés l'un à l'autre à la même corde pour des raisons sécuritaires. Si, par exemple, un membre de l'équipe faisait une chute dans une crevasse, il pourrait être retenu dans sa chute par le poids des autres équipiers.

Les montées étaient harassantes et les descentes tout autant, surtout à cause du traîneau qu'il fallait tirer en montant et retenir de trop glisser en descendant. À la fin d'une journée épuisante, nous n'avions pas le loisir de nous reposer tout de suite. Il fallait encore installer nos tentes personnelles ainsi que la tente cuisine où nous préparions et mangions nos repas. Autour de nos tentes, il fallait souvent monter une forteresse de blocs de neige durcie pour éviter que le campement soit soufflé et emporté par les grands vents. Construire ce genre d'iglou n'est pas si simple : il faut y mettre beaucoup de temps et d'efforts collectifs. Il faut scier la neige bien tassée et durcie, en blocs carrés, et les superposer.

Souvent au cours de ces opérations quotidiennes, à cause de l'altitude, toute l'équipe se sentait un peu au ralenti, comme si nous avions tous pris quelques bières de trop! On aurait dit un groupe de zombies qui sortaient d'un bar! C'était un symptôme du manque d'oxygène. À ce moment important de la journée quand tout le monde titube un peu, il est souvent plus difficile de coordonner les efforts de chacun pour arriver à organiser le campement efficacement et rapidement. Ça risquait de nous poser un sérieux problème.

Un jour, alors que nous nous apprêtions à ériger ce mur de blocs de neige essentiel à notre survie, j'ai regardé ce portrait d'ensemble un peu désorganisé et je me suis dit qu'on pourrait sûrement canaliser le reste de nos énergies et mieux répartir le travail, malgré notre lenteur psychologique du moment. J'ai décidé de gérer le projet, même si je me sentais zombie moi-même, et j'ai proposé qu'on effectue un travail à la chaîne pour mieux nous répartir le travail. Ainsi, en peu de temps, nous avons réussi à monter le campement et à construire notre mur de neige durcie. Le sommeil nous venait rapidement après le souper et nous nous endormions généralement vers huit ou neuf heures.

Il y a aussi une autre menace en Alaska : le soleil. Parce que dans cette région le soleil est fort et brille entre 18 et 19 heures par jour. Croyez-le ou non, certains de nos équipiers ont souffert de coups de soleil à l'intérieur de la bouche et sur la langue, non pas parce qu'ils parlaient trop, mais parce qu'on a tendance à garder la bouche ouverte lorsqu'on marche avec effort et qu'on a le souffle court!

Plus nous montions, plus le paysage était extraordinaire et plus on voyait se dresser autour du mont McKinley une superbe chaîne de montagnes qui me faisait penser à celle de l'Himalaya. Les montagnes du Parc national Denali sont plus rondes, mais le décor environnant me rappelait énormément les montagnes entourant l'Everest et me ramenait des souvenirs du Népal. Et je puis affirmer que ce voyage a été ma meilleure préparation pour l'Everest. J'avais l'impression de prendre des bouchées de l'éléphant de plus en plus grosses.

Je devenais de plus en plus conscient de mes qualités de guide et je gagnais énormément de confiance en moi. Il me restait amplement de travail d'entraînement à poursuivre, mais j'étais sur la bonne voie et ce voyage me l'a prouvé. L'Everest était plus élevé, mais sur le plan technique, il n'était pas plus difficile à grimper que le mont McKinley. J'avais d'ailleurs acquis une excellente maîtrise technique de l'escalade, de la survie et du secourisme. Il me restait à augmenter ma capacité d'acclimatation et mon endurance physique.

Petit bilan personnel : j'ai participé à plus de 25 expéditions d'envergure depuis l'âge de 16 ans.

Chapitre 13
Destination Nor'Ouest

C'était l'été avant mon départ pour l'Everest. J'avais accumulé de bonnes économies en vue de mon voyage, mais il m'en manquait encore pas mal, et j'étais toujours à la recherche de financement pour ma grande expédition prévue en mars 2006. J'étais sans cesse en quête de commanditaires. J'envoyais des lettres à des dizaines de compagnies et je recevais des réponses négatives la plupart du temps. J'ai encaissé bien des déceptions, mais jamais je n'aurais baissé les bras. Foncer, c'était ma devise.

Et puis, une bonne journée, ma mère a vu dans le journal qu'on recherchait des pagayeurs d'expérience pour participer à une expédition. Et quelle expédition!

L'annonce expliquait que Les Productions R. Charbonneau et les Productions Rivard préparaient le tournage de la série *Destination Nor'Ouest*, un documentaire d'aventure relatant la vie des voyageurs, ces Canadiens français qui ont sillonné le pays il y a 200 ans pour faire la traite des fourrures. On cherchait donc une dizaine de participants qui partiraient à bord de canots d'écorce pour reconstituer un voyage typique de ces anciens voyageurs, entre Lachine au Québec et Winnipeg au Manitoba, à la mémoire de ceux qui, vers le début des années 1800, ont vécu ces voyages souvent périlleux dans des conditions extrêmes. Il me suffisait de soumettre ma candidature.

Je me suis dit devant cette chance extraordinaire que j'avais tous les atouts pour participer à ce périple. J'ai téléphoné aux Productions Charbonneau et j'ai complété une demande bien étoffée avec mon curriculum vitae aussi étoffé. J'étais convaincu de recevoir une réponse positive, d'autant plus que j'expliquais dans ma lettre qu'un de mes oncles avait fait de la recherche et découvert qu'un de mes ancêtres d'ascendance paternelle directe avait été guide du temps de ces voyageurs. René-François Carré était guide arrière de canot. J'étais certain d'être retenu. J'avais le profil idéal : de l'expérience et un ancêtre voyageur. J'avais l'aventure dans le sang.

Mais le temps passait et je n'avais pas de nouvelles. Toutes les deux semaines, je les rappelais, je les harcelais, je leur vantais mes expériences et mes qualités de guide. Rien à faire, j'ai finalement reçu une lettre officielle de la productrice qui me disait noir sur blanc que je n'étais pas retenu pour l'expédition. Mon orgueil en a mangé un coup! Et ce refus, c'est Marie-Pierre, ma blonde actuelle, qui l'avait signé. À ce moment-là, je ne me doutais pas que j'allais tomber amoureux de cette productrice qui me refusait un contrat auquel je tenais tant. La vie, comme les rivières, a de curieux détours.

Deux jours plus tard, cette charmante productrice me téléphone en me disant : *Tu n'es pas choisi pour faire partie de l'équipe des voyageurs, mais j'ai quelque chose à t'offrir. Nous avons besoin d'un guide expérimenté pour accompagner l'équipe de tournage.* L'expédition allait durer trois mois. C'était inespéré et payant, encore plus que de personnifier un voyageur. Je n'en demandais pas tant, mais inutile de dire que j'ai accepté immédiatement.

Mon rôle consistait à planifier et à organiser la logistique nécessaire pour filmer les voyageurs tout au long du parcours. Je m'assurais également de la sécurité de l'équipe de production, qu'il s'agisse du réalisateur, des cameramen ou des preneurs de son. Selon le plan d'eau à traverser, nous suivions les voyageurs en canot ou en bateau à moteur. Les neuf voyageurs étaient accompagnés d'une équipe de 16 personnes, huit sur l'eau et autant sur la route.

L'expédition et le tournage allaient bon train. Nous étions maintenant en Ontario. En arrivant dans la région de la rivière des Français qui se déverse dans le lac Huron, un tandem de voyageurs qui avait pas mal endommagé son canot ne pouvait pas s'engager dans la houleuse baie Géorgienne par la rivière des Français avec cette embarcation-là. C'était trop risqué. On m'a donc demandé d'aller porter au tandem une réplique du canot avant qu'il ne s'engage dans la baie. J'ai suggéré une façon de faire qui me semblait plus simple et plus sécuritaire que celle qu'on proposait, mais on a insisté pour qu'on suive son procédé afin de respecter l'horaire de travail de l'équipe de production. Ce qui devait arriver arriva. Il fallait faire passer le canot dans un chenal à l'aide de cordes, mais l'opération était presque impossible et on perdait un temps précieux. N'écoutant que mon instinct et ma détermination, j'ai sauté dans le canot pour tenter de passer le chenal d'eau vive. Le canot s'est coincé de travers dans le passage entre deux parois rocheuses, l'eau s'est vite propulsée à l'intérieur et tout à coup avec un grand crac! le superbe canot tout neuf de 27 pieds d'une valeur de 18 000 $ s'est rompu en deux. J'en ai été quitte pour une propulsion dans la rivière sans pouvoir réagir.

Catastrophe! J'étais découragé et je me disais que la productrice allait sûrement me mettre à la porte. Mais, revirement de situation, le réalisateur m'a presque sauté dans les bras en me disant qu'il venait de capter ses plus belles images du tournage grâce à ce canot qui s'était brisé dans le rapide. Il avait croqué la scène sur le vif. J'étais sauvé, mais j'ai quand même regretté de ne pas avoir suivi mon instinct et tenu à mon idée, ce qui aurait peut-être prévenu cet incident.

Cette *Destination Nor'Ouest* m'en a énormément appris, surtout avec cet échec. J'ai décidé de prendre ma place, celle pour laquelle j'avais été embauché, et de faire valoir mes capacités et mes idées plutôt que de critiquer les décisions. C'est à ce moment que j'ai vraiment saisi les guides de l'expédition, qui était davantage une production télévisuelle qu'une expédition de plein air, puisque la plupart des membres de l'équipe de production n'étaient pas des habitués d'aventures dans la nature. Chacun son métier, comme on dit! Je me suis davantage imposé par mes connaissances et mon expertise tout en suivant les lignes directrices des producteurs pour les accommoder, et tout est rentré dans l'ordre. Et quand je regarde les images impressionnantes de cette série, je suis convaincu que j'y ai joué un rôle important et j'en suis fier.

Chapitre 14
Il ne faut pas penser, il faut avancer

C'est à la fin de ce tournage que Marie-Pierre est devenue ma blonde et c'est beaucoup grâce à elle que j'ai poursuivi mon entraînement exigeant et que je me suis discipliné de plus en plus à mon retour de cette expédition. Je n'avais pas toujours envie d'être rigoureux et, très tôt le matin, c'est elle qui me poussait en bas du lit quand le réveille-matin sonnait à 4 h et que j'avais tendance à paresser. Elle me disait : *Vas-y, il faut que tu t'entraînes, pense à l'Everest, vas-y!* À cette époque, je travaillais chez *Trailhead* et aussi dans un restaurant. Quand j'arrivais à la maison, fatigué de ma journée, pas moyen de me reposer, Marie-Pierre avait toujours le mot d'encouragement pour me convaincre d'aller m'entraîner durant deux ou trois heures.

Et j'obéissais à mon entraîneure. Je partais m'entraîner souvent quatre heures durant. Il fallait que je pousse mon système à fond, que j'aille au-delà de mon endurance, toujours plus loin. Marie-Pierre m'a appuyé et encouragé sans relâche. Elle croyait en mon rêve autant que moi. Souvent, si on faisait du ski de fond ensemble, elle me défiait : *Vas-y, dépasse-moi à grande vitesse, fais quelques kilomètres, reviens jusqu'à moi et recommence!* J'obéissais à ses consignes et c'est comme ça que j'ai pu atteindre le sommet de ma forme. Merci, Marie-Pierre!

L'entraînement physique extrême pour affronter l'Everest est primordial. J'ai cherché un entraîneur professionnel pour donner un répit à Marie-Pierre et j'ai trouvé Ray, un marathonien extraordinaire, une brillante étoile de la course d'endurance, reconnu partout dans le monde. Les rencontres étaient faciles, puisqu'il habite dans ma région. Ray me fascinait. Il avait couru dans des conditions extrêmes entre les froids sibériens du Yukon et les chaleurs cuisantes des sables au Maroc, au Brésil et dans le désert du Sahara et au Niger. Les pires conditions de course, ils les a connues et les a vaincues.

Ray m'a créé un programme d'entraînement quotidien, juste un an avant que j'attaque l'Everest. Je courais quatre heures par jour. L'hiver, je faisais du ski de fond et du télémark. Le télémark est une forme ancestrale de ski alpin qui est de plus en plus pratiquée ces dernières années. C'est en fait un croisement du ski de fond avec le ski alpin qui permet des virages plus accentués, puisque le talon n'est pas fixé au ski. Avec une charge sur le dos, je montais et descendais les pentes de ski des heures durant.

Souvent, avec Marie-Pierre et Marine, sa fille, nous allions passer quelques jours au mont Tremblant pour faire du ski. Le jour, j'accompagnais tout le monde sur les pentes et je faisais du télémark durant près de six heures et, en fin de journée, quand Marie-Pierre et Marine retournaient à la maison, je repartais skier. Pour monter, je fixais des peaux de phoques sous mes skis pour les empêcher de glisser et je montais et redescendais les pistes du mont Tremblant au moins trois fois avant de rentrer, sans jamais utiliser le remonte-pente. Je m'acharnais souvent à cette discipline pendant de longues heures.

Parfois, j'empruntais des bûches de bois de chauffage que je mettais dans mon sac à dos et je repartais monter et descendre la montagne à ski. Je voulais atteindre cette zone de fatigue extrême où l'on commence à voir des étoiles tant on est au bout du rouleau, pour dompter mon physique et mon psychisme. Ce type d'entraînement me convenait tout à fait. Pousser toujours plus loin.

Afin de mettre toutes les chances de mon côté, j'ai aussi consulté une psychologue sportive de l'École des sciences de l'activité physique de l'Université d'Ottawa. De ma discussion avec elle, l'élément le plus important que j'ai retenu et que j'ai mis en pratique au cours de l'ascension de l'Everest, c'est l'importance de maintenir un rythme soutenu et de garder un excellent contrôle de soi.

J'en étais à mon dernier sprint avant le grand départ. Je ne voulais rien laisser au hasard pour maximiser mes chances de succès. Dans le but d'aider à mon processus d'acclimatation, je me rendais habituellement six fois par semaine dans un centre d'entraînement à l'extrémité ouest d'Ottawa. J'y passais une heure à respirer à l'aide d'un appareil qui simulait les conditions respiratoires en haute altitude, et où le niveau d'oxygène représentait celui que l'on respire à une altitude d'environ 6 000 mètres. Il est impossible de mesurer si cet exercice a valu les efforts que j'y ai mis presque quotidiennement durant plus d'un mois, mais je suis persuadé qu'aucun de mes investissements physiques ou émotionnels n'a été inutile.

Au cours de ces six années de préparation, parallèlement à l'entraînement intense auquel je m'astreignais, il me fallait aussi trouver de l'argent pour défrayer ce voyage, ce qui s'avérait un exploit aussi rare que d'atteindre un sommet de 6 000 mètres. Une expédition de près de trois mois sur l'Everest coûte environ 60 000 $, ce qui comprend les transports en avion, les services d'une agence de trekking réputée, les permis d'alpinisme et l'équipement. Il ne faut pas oublier que j'avais déjà dépensé près de 30 000 $ pour effectuer mes expéditions précédentes au Mexique, en Amérique du Sud et en Alaska dans le but de m'entraîner.

L'équipement et les vêtements sont très dispendieux, mais essentiels vu le climat glacial des montagnes du Népal. Une combinaison d'alpinisme en duvet coûte environ 1 500 $, les bottes coûtent le même prix tout aussi bien que le sac de couchage. Il est important aussi de se munir d'un second manteau et de bottes plus légères pour les températures plus clémentes.

Il est évident que mes économies personnelles ont contribué à défrayer le voyage, mais c'était clairement insuffisant. J'ai donc fait appel à la générosité de plusieurs commanditaires pour arriver à mes fins. J'ai suivi le plan de financement de mon voyage que j'avais dressé dans le cadre de mes cours à l'université. J'ai sollicité par écrit plusieurs commanditaires potentiels et j'ai finalement obtenu de l'aide de certains, dont la section de *Business Network International* (BNI) de Clarence-Rockland, *Chlorophylle* et *Trailhead*.

Il faut que je rende un hommage particulier à Wally, le propriétaire de l'entreprise d'articles de sport *Trailhead* pour qui j'ai travaillé durant six ans et le fondateur de la compagnie d'expéditions *Black Feather*. Wally m'a grandement appuyé, m'a ouvert les portes de l'aventure et du plein air et a toujours eu confiance en ma détermination.

Au cours des mois précédant mon voyage, j'ai fait des tournées dans plusieurs écoles du Conseil des écoles publiques de l'Est de l'Ontario pour donner des conférences sur l'expédition que je m'apprêtais à faire. Les revenus que j'en ai tirés m'ont été très utiles.

Il est évident que je me suis endetté quelquefois, mais j'ai toujours réussi à rembourser mes dettes et à économiser à nouveau pour me payer un autre projet de voyage.

Prêt, pas prêt, j'y vais! Mais je suis prêt. Je le sais, je le sens. Je suis tenace. Mon rêve est mon guide. Il ne me lâchera pas. Je ne lâcherai pas non plus. Ma volonté va me porter tout en haut de ce sommet qui m'aspire et m'intimide à la fois, mais rien n'est insurmontable, j'en suis convaincu.

Chapitre 15
L'équipement indispensable

Ces expéditions en route vers l'Everest se font en mars, avril et mai, puisque l'été est la saison de la mousson avec de grands vents et des pluies diluviennes et qu'à l'automne les tempêtes de neige abondante s'abattent sur cette région. Ces conditions ne favorisent aucunement les ascensions. On peut attaquer l'Everest par le versant sud-est par le Népal comme moi ou par le versant nord-est par le Tibet. Les deux versants présentent des défis particuliers. Le versant sud a sa cascade de glace très pénible à traverser, tandis que l'assaut final du sommet est nettement plus exigeant par le versant nord.

Plusieurs mois avant de partir, je me suis procuré le matériel et l'équipement nécessaires à cette expédition au Népal : deux sacs de sport, un sac à dos, des vêtements appropriés dont un manteau, un pantalon et une combinaison de duvet que l'on portera selon les humeurs de la température, des gants, des mitaines, des tuques, des lunettes de ski et des bottes d'excellente qualité. Je n'ai pas hésité à payer 1 500 $ pour les miennes et je ne l'ai pas regretté. Je n'ai jamais eu froid aux pieds et, la nuit, je dormais avec les feutres qui me gardaient les pieds bien au chaud.

Pour camper, j'apporte un sac de couchage en duvet, un matelas de fond, un matelas gonflable et divers articles indispensables comme une lampe frontale, des contenants pour l'eau, un couteau suisse, une trousse de premiers soins et un appareil photo.

Pour l'alpinisme proprement dit, j'ai besoin d'un bâton de marche, d'un piolet, de mousquetons, de cordes et de crampons.

À première vue, un piolet ressemble à un gros marteau qu'on aurait allongé et dont on aurait trafiqué la tête d'acier en lui ajoutant une lame se terminant par un crochet, sous laquelle on retrouve des dents. Le crochet permet de planter plus rapidement le piolet dans la glace en cas de glissade. La longueur des piolets varie entre 40 et 90 centimètres. Les plus courts sont utilisés pour la glace alors que les plus longs servent à diverses manœuvres d'alpinisme.

Le mousqueton est un anneau de métal avec un système d'ouverture et de fermeture facile à manipuler. On peut y insérer une corde ou un anneau, ou s'en servir pour s'attacher à une corde. Souvent dans les passages les plus dangereux, les alpinistes d'une équipe, à l'aide de leurs mousquetons, s'attacheront à des cordes fixées à des pics ancrés dans la glace pour éviter des chutes et se suivront à la queue leu leu le long de ces cordes. Les crampons rigides sont indispensables à ce genre d'aventure. Ils sont un assemblage de pointes en acier à haute résistance que l'on fixe sous ses bottes pour permettre une meilleure traction sur la neige et sur la glace. Sur place, on nous fournira tout l'équipement d'appoint, telles les vis à glace, les cordes, les bonbonnes d'oxygène et les échelles.

Ce n'est pas tout. Avant de partir, il est essentiel de se faire vacciner contre plusieurs maladies (tétanos, diphtérie, polio, méningite, choléra et hépatites A et B entre autres). Quand on voyage au Népal, les services médicaux sont restreints et souvent éloignés. Tous ces vaccins coûtent plus de 500 $. Encore un trou dans mon portefeuille. Mais la chance et le médecin m'ont souri. Lui, quand il a compris que j'avais besoin de ces vaccins parce que j'ambitionnais d'atteindre le sommet de l'Everest, ce fameux toit du monde, il me les a injectés gratuitement. Et quand il s'est présenté devant moi avec son plateau de seringues, j'étais tellement soulagé d'épargner 500 $ que je n'ai ressenti aucune douleur quand ces longues aiguilles m'ont percé la peau l'une après l'autre!

Il faut aussi se munir de médicaments. Des antibiotiques, des comprimés d'Imodium, de Tylenol, des somnifères et un cocktail des médicaments suivants : acétazolamide pour l'acclimatation, chimioprophylaxie contre la malaria, nifédipine contre le mal d'altitude et l'œdème pulmonaire et dexaméthasone contre l'œdème cérébral. Mon médecin m'a alors souligné que ce dernier médicament était régulièrement administré aux personnes souffrant d'une tumeur au cerveau. Ça m'a donné tout un choc!

Ce n'est pas tout d'avoir ces médicaments avec soi au cours de l'expédition, il faut déceler les circonstances dans lesquelles s'en servir, connaître le bon dosage et surtout ne pas en abuser. Il ne faut pas oublier non plus que dans les circonstances où des malaises graves nous assaillent, nos facultés mentales sont parfois affaiblies ainsi que notre jugement. Il faut donc se servir de ces médicaments avec grande prudence et suivre les conseils du médecin et du pharmacien. Pour ma part, le médecin m'a vite mis en confiance et m'a très bien conseillé. Il m'a expliqué dans les moindres détails les effets de ces médicaments, si bien qu'au cours de l'expédition, j'aurais non seulement pu en prendre sans crainte, mais j'aurais pu aussi les administrer à un autre alpiniste dans le besoin. Moi, ce qui m'avait causé un gros mal de tête, c'était l'idée de dépenser 500 $ pour cette pharmacie-là sans même savoir si j'aurais à m'en servir. Mais au moins j'avais les comprimés Tylenol pour soulager mon mal de bloc!

Chapitre 16
Le grand départ

Le samedi 25 février 2006, avec des parents et des amis, on organise une fête pour souligner mon départ. Plus de 200 personnes sont présentes. Je suis vraiment touché par l'ampleur de cette célébration qui me rapproche de mon but. Je sens qu'on m'appuie, qu'on me suit avec fierté dans mon aventure. Tous ces témoignages des gens que j'aime, je vais les apporter avec moi dans mes bagages et j'en prendrai une bonne dose dans les moments difficiles.

Et finalement, le 19 mars 2006 je prends mon envol vers le Népal. J'entrevois une vingtaine d'heures de vols qui me confirment que c'est vraiment parti. Dans deux jours, je vais descendre à Katmandou, la trépidante capitale du Népal, avec sa population de 1 500 000 habitants, située à 1 300 mètres d'altitude. Katmandou, la plus grande ville du Népal avec ses mille trésors éparpillés dans ses mille ruelles où mille mendiants aussi, paralytiques, estropiés, amputés et parmi eux de jeunes enfants, demandent l'aumône. Ces tristes scènes du quotidien témoignent de la grande pauvreté du pays.

J'avais séjourné au Népal durant un mois, il y a six ans. Le revoir me fait chaud au cœur. C'est comme retrouver un ami après quelques années d'éloignement. *Salut Katmandou!* Je suis en pays de connaissance. Cette ville n'a pas changé en six ans. Je suis revenu pour aller la regarder d'en haut, du plus haut point possible, pour l'imaginer toute petite Katmandou blottie au fond de la vallée.

L'aventure bat déjà son plein au rythme de mes battements de cœur. Je pense à ceux que j'ai laissés derrière. Je compte sur mon téléphone satellite pour leur donner des nouvelles le plus souvent possible. Je pense à Marie-Pierre. Deux mois et demi sans la voir. Je pense à mes parents. Je pense à mes amis.

Des représentants, de l'agence de trekking IMG *(International Mountain Guides)* de qui j'ai acheté les services pour ce voyage, m'attendent à mon arrivée à l'aéroport de Katmandou. Je descends de l'avion avec deux gros sacs de sport que je dépose sur le sol. On dirait deux grosses « poches » de hockey que je débarquerais à l'aréna avant un match.

À la sortie de l'aéroport, un smog épais dû à la pollution industrielle empêche les voyageurs d'apprécier ce décor montagneux et surréaliste de roches, de pics de neige et de glace. Mais moi je sais qu'elles sont là, derrière le smog, ces montagnes immuables, et que je suis ici pour grimper l'Everest. Juste de m'imaginer au sortir de l'aéroport avec mes sacs de sport me donne le fou rire. Non, je ne vais pas jouer au hockey, je vais escalader l'Everest!

Je fais un bref séjour dans un hôtel de Katmandou, question de vérifier mon équipement, de voir aux derniers préparatifs et de rencontrer l'équipe d'une quinzaine de téméraires qui, comme moi, ambitionnent de se rendre au sommet. Des alpinistes des États-Unis, d'Allemagne, d'Autriche, de Suisse, d'Australie et du Canada, dont deux ont déjà atteint le sommet de l'Everest.

À Katmandou, je retrouve les rues étroites et achalandées de commerçants et de passants comme je les avais quittées. Rickshaws, vélos, camionnettes et taxis se partagent la chaussée en évitant de temps à autre une vache qui flâne ou qui fait une sieste en plein milieu de la route. Ici, dans la tradition hindoue, la vache est sacrée et tant pis si elle cause un embouteillage. On attendra qu'elle parte ou on passera à côté pour ne pas la bousculer.

J'en profite pour aller visiter le Stupa de Swayambunath, aussi appelé Temple des Singes, à cause d'une peuplade de macaques qui a élu domicile à l'intérieur des murs du temple et qui est devenue une attraction touristique. Après avoir monté les 365 marches de ce temple, j'arrive dans un lieu de culte où des moines en tunique bourgogne font pivoter des moulins de prières afin que soient propulsés vers les divinités du ciel les invocations et les mantras, que ces moulins produisent. Des temples et des dieux, il y en a autant que des montagnes au Népal.

Nous serons 40 dans l'équipe, tous des gens que je ne connais pas : 16 alpinistes et 24 Sherpas. Parmi ces Sherpas, il y aura 5 cuisiniers, une dizaine de porteurs qui transporteront l'équipement et la nourriture, et enfin 12 accompagnateurs qui seront assignés aux alpinistes. La caravane comptera aussi une centaine de yaks qui valseront lentement sur les sentiers, surchargés de bagages, en faisant tinter leur grosse cloche. On nous avise dès le départ que si on rencontre des yaks venant en sens inverse en montant la montagne, il est prudent de se ranger du côté de la paroi de la montagne. Ces gros ruminants pourraient nous bousculer accidentellement et nous projeter dans le vide. L'utilité de ces bêtes est incontestée, mais on comprendra qu'un yak n'a ni la taille ni la souplesse d'une ballerine!

Ces quelques jours passés à Katmandou me permettent de faire connaissance avec les autres alpinistes et notre chef d'équipe, Mark. D'après les conversations et les échanges au sein de notre groupe, j'évalue que je dois me situer dans la moyenne pour l'expérience alpine. Je suis encore une fois le plus jeune de l'équipe, mais j'ai l'avantage d'avoir déjà exploré une partie de ce territoire montagneux.

Chapitre 17
Atterrissage chaotique et premiers pas

Nous prenons enfin le vol de Katmandou en direction de Lukla, petite ville perchée à 2 800 mètres. Quarante minutes d'un vol plutôt saccadé suivi d'un atterrissage chaotique. Ça promet. La piste d'atterrissage de Lukla est installée sur un petit plateau à peine capable de recevoir un avion qui devra descendre à pic en s'insérant entre les montagnes pour enfin atterrir sur une courte piste d'asphalte, ralentir et freiner en catastrophe pour éviter de percuter une falaise de roches en face d'elle. Tous les passagers retiennent leur souffle et écarquillent les yeux devant cette descente vertigineuse. Atterrir sur un 10 ¢, ce doit être ça! Heureusement pour nous, le pilote connaît bien la piste et l'atterrissage réussit. Nous descendons de l'appareil sains et saufs, mais un peu secoués, il faut l'admettre. Comme il s'agissait d'un avion de fabrication canadienne, un Twin Otter à décollage et à atterrissage courts, j'avais confiance.

Ici presque tous les villages sont construits à flanc de montagne. Les plateaux naturels sont rares, mais la pierre omniprésente sert autant à la construction des maisons et autres bâtiments, qu'à la construction de clôtures pour délimiter le terrain et les jardins aménagés en terrasse par les habitants en vue de permettre la culture des patates et autres légumes et d'assurer une bonne irrigation. Les pierres superposées servant à bâtir sont taillées en forme de briques. En haute altitude où les arbres sont complètement absents ou trop chétifs, les maisons sont chauffées avec de la bouse de yak. Au Canada, on a les cordes de bois; au Népal, ils ont les cordes de bouses séchées. C'est aux enfants que revient la corvée de récupérer les précieuses bouses qu'ils font adhérer aux murs des bâtiments pour les faire sécher. Une fois séchées, les bouses se décollent du mur, tombent sur le sol et on les ramasse pour les corder près de la maison. Le yak, ce gros ruminant à longue toison de laine épaisse, est utilisée comme bête de somme, comme monture et fournit la laine, le cuir, la viande, le lait, le fromage et la bouse de chauffage. Et j'ajouterais que le fameux fromage de yak que les Sherpas adorent sent aussi fort que la bouse de yak.

À partir de Lukla, il faut compter au moins dix jours de trekking pour arriver au camp de base de l'Everest, à 5 370 mètres entre sol et ciel. Fini les routes, fini les rickshaws, les taxis, les triporteurs, les vélos. Au moins, il y a une

Les volcans au Mexique

Les voyageurs de Destination Nor'Ouest

En route vers le sommet du
Pic d'Orizaba

Moi sur le mont Imja Tse

Nuri Chiri et moi au sommet du mont Imja Tse

Première visite à l'Everest

Nous qui suivons les voyageurs de Destination Nor'Ouest

Pic d'Orizaba

Mont Aconcagua

Lever du soleil vu de l'Aconcagua

À travers des pénitentes sur l'Aconcagua

Pablo et moi au sommet de l'Aconcagua

Le corps de Yungy est transporté en hélicoptère

En entraînement sur le mont Baker

Montée du mont McKinley

Une crête proche du sommet du mont McKinley

Un regard vers le bas du sommet du mont McKinley

Au Camp de 14 000 pieds sur le mont McKinley

Moi au sommet du mont McKinley

justice : tout le monde est à pied, les gens du pays comme les touristes sportifs. Ici, tous les matériaux de construction sont transportés à dos de yak et à dos d'homme ou de femme. Les gens peuvent marcher cinq jours durant avec d'énormes charges sur le dos. Mais il y a aussi une injustice, tout le monde ne porte pas des bottes de trekking à 1 000 $. Pourtant, personne ne se plaint. Ni ceux en *gougounes*, ni ceux en espadrilles trouées, ni ceux qui se promènent pieds nus. Ce peuple a énormément d'endurance et n'est vraiment pas plaignard.

Nous entreprenons donc une marche de quatre heures pour aller de Lukla à Phakding, qui se situe à 2 610 mètres d'altitude. Le village de Phakding est sis au bord de la rivière glaciale Dudh Kosi, qui descend du glacier du Khumbu et près de laquelle est construite une petite centrale hydroélectrique.

À cette altitude, l'air se fait déjà plus rare et chacun respire mal, d'autant plus que la plupart des trekkeurs ont mal dormi la veille à cause du décalage horaire. Le rythme est inégal. Certains randonneurs qui nous accompagnent pour se rendre au camp de base, au camp 1 ou à Island Peak sont moins habitués à ce genre d'excursion, ont moins d'endurance et ralentissent la cadence. Je ne m'en plains pas, car cette cadence modérée me permet d'emmagasiner de l'énergie pour le trekking plus ardu qu'exigera le reste de l'expédition. J'en profite aussi pour faire plus ample connaissance avec mes coéquipiers et pour échanger avec eux impressions et expériences. Nous avons tous le même but, mais pas les mêmes motivations. Les personnalités sont aussi variées que les ego. Certains alpinistes sont là pour la gloire et la victoire, d'autres y sont pour le dépassement et d'autres encore pour capturer un rêve. Je me dis qu'un gros ego doit être lourd à transporter jusqu'au sommet et qu'un rêve, c'est franchement plus léger.

On a tort de croire que l'alpinisme est un sport individuel. On a tous besoin des autres. Besoin de connaître leurs opinions, besoin de partager leurs préoccupations. Au cours de ce périple, j'ai pourtant côtoyé une équipe d'alpinistes européens dont les membres qui étaient de même origine ethnique avaient tendance à s'isoler, à ne s'exprimer que dans leur langue et à ne pas se mêler aux autres. Cette attitude est néfaste et rend les échanges presque inexistants et la solidarité plutôt boiteuse. Heureusement, il y a John, un Américain d'une quarantaine d'années avec qui j'établis rapidement des liens d'amitié. Je sens que nous pourrons compter l'un sur l'autre. La connivence est déjà évidente entre lui et moi, juste après quelques jours. Ainsi, tout au long de cette expédition, John et moi deviendrons des inséparables, chacun motivé par la passion de l'autre.

Aujourd'hui le 24 mars, nous faisons une marche de sept heures pour nous rendre de Phakding jusqu'à Namche Bazar à 3 440 mètres d'altitude, le plus gros village de la vallée du Khumbu. Un parcours très difficile pour moi, d'autant plus que j'ai encore mal dormi la nuit dernière à cause de maux de tête. La fatigue et l'altitude m'affectent.

Le sentier est raide pour arriver à Namche Bazar. Il faut monter en lacets dans une forêt de conifères ombragée. Tout autour, se dressent des murs de montagnes toutes plus impressionnantes les unes que les autres. Tout me fascine, c'est magnifique, mais je suis encore bien loin de mon but. Monter encore, toujours grimper et traverser des ponts suspendus branlants au-dessus de la rivière Dudh Kosi. Il y a, parmi les randonneurs, une dame qui souffre du mal de montagne et qui n'arrive pas à gravir ce sentier, malgré la meilleure volonté, et c'est finalement à cheval qu'elle réussit cette montée.

Une dizaine de porteurs nous dépassent, suant à grosses gouttes et portant des charges de plus de 60 kilos. Je les admire pour leur endurance, d'autant plus que les malaises physiques que je ressens, attribuables au gain rapide d'altitude, commencent à m'affecter sérieusement. Haletant, j'ai de plus en plus mal à la tête. Malgré tout, je dois maintenir mon rythme et me concentrer. À ce moment précis, le doute m'assaille et je ne suis plus aussi convaincu que je pourrai me rendre à 8 850 mètres d'altitude. Vite, j'efface ce doute de mon esprit. D'autres l'ont grimpée la montagne. Pourquoi pas moi? J'ai tout mis en œuvre pour réussir, ce n'est pas le temps des remises en question.

À l'approche de Namche Bazar, village en forme de fer à cheval accroché à la montagne en face d'un gouffre, le sentier se ramifie en ruelles à paliers avec des escaliers de pierres rudimentaires. De chaque côté, des maisons, des auberges et des boutiques entassées les unes sur les autres regorgent d'articles variés et colorés fabriqués ici ou provenant d'ailleurs. Des sacs à dos dernier cri côtoient de simples sacs à bandoulière tissés dans les villages environnants. En face des étals, des poules picorent sans se soucier de rien autour de vendeurs assis sur le sol à la manière de bouddhas. Namche Bazar est le centre commercial et touristique le plus important de la vallée du

Khumbu avec une centaine d'habitations et quelques services qui y sont offerts, comme le téléphone, le télécopieur, le bureau de poste, un café Internet et même une clinique dentaire. Les gens des villages avoisinants marchent souvent durant plusieurs jours pour venir faire leurs emplettes dans ce centre commercial à ciel ouvert.

On passera quelques jours de repos à Namche Bazar. Il est recommandé de ne pas monter plus de 500 mètres par jour pour garder sa forme. Avec raison, car au matin quand je me réveille, un cruel mal de tête m'assaille. On dirait que mon pouls frappe à grands coups de marteau sur mes tempes. Je cherche mes Tylenol, ces minuscules bouées de sauvetage. J'en prends deux et le mal disparaît tranquillement. Pourtant je sais que ce mal de bloc lancinant reviendra, qu'il sera tenace et qu'il me suivra sans doute tout au long du voyage.

Pas très loin de Namche Bazar où notre équipe a installé son campement, il y a des carcasses d'hélicoptères de l'armée népalaise qui se sont écrasés il y a quelque temps, à cause de l'altitude. On dirait qu'elles sont là pour nous rappeler les dangers omniprésents qui n'épargnent rien ni personne, pas même ces gros hélicoptères qu'on croirait indestructibles. Chaque fois que je les regarde, j'entends ce chuchotement à mon oreille : *danger, danger, danger*.

À Namche Bazar, il ne fait pas froid. La température est clémente. Le thermomètre oscille entre 10 et 15 °C le jour et il descend vers zéro la nuit. Question de garder la forme, nous faisons des excursions de quelques heures en montagne. Je sais que je dois me reposer, mais j'ai horreur de rester à ne rien faire. Je me sens inutile comme une patate sur un sofa! Ça me rappelle quand j'étais enfant et que je devais rester tranquille 60 secondes. C'était interminable et insupportable.

Un matin, en sortant de la douche, Walter, un gars de notre équipe, a reconnu le logo de *Black Feather* imprimé sur ma serviette. Il m'a alors raconté qu'un jour il faisait partie d'une expédition dans le *Cirque of the Unclimbables* dans les Territoires du Nord-Ouest et que son groupe de marcheurs avait manqué de nourriture à cause du mauvais temps qui empêchait l'avion de venir les ravitailler. C'est alors qu'il avait rencontré le groupe d'une expédition de *Black Feather* guidé par un gars portant une impressionnante barbe noire. Ce barbu était venu à leur secours et leur avait offert des vivres. Cette image m'est apparue dans un flash et je me suis souvenu que le guide barbu de l'expédition *Black Feather* qui leur avait offert de la nourriture, c'était moi. C'était il y a cinq ans. Curieux hasard qui me confirme l'importance de la solidarité et de l'entraide qui peut nous rattraper n'importe où. Qui sait, c'est peut-être Walter qui viendra à mon aide au cours de ce voyage!

Question de passer le temps et d'explorer le bazar de Namche Bazar, il me vient l'envie d'aller fureter dans les boutiques et de manger des pâtisseries. On m'a raconté que ce sont des Allemands venus en expédition qui ont montré à des gens du village comment réussir des pâtisseries de leur pays et que depuis ce temps, à Namche Bazar, on vend de délicieuses pâtisseries allemandes. Ça prouve encore qu'on a toujours besoin des autres, même quand il s'agit de pâtisseries! En me sucrant le bec, je pense à Marie-Pierre et je décide d'envoyer des cartes postales à ceux que j'aime et qui me manquent.

Chapitre 18
Les Sherpas, maîtres des montagnes

Le lendemain, je rencontre l'équipe de Sherpas qui doit nous accompagner. Sherpa signifie peuple de l'Est. En tibétain, *shar* signifie « est » et *pa*, « peuple ». Au moment d'organiser mon voyage au Népal, on m'avait fortement recommandé le Sherpa Dawa Nuru qui aimait bien les Canadiens pour avoir fait plusieurs expéditions chez nous. Il était même de l'expédition vers l'Everest en 1982, avec Laurie Skreslet et Patrick Morrow, les premiers Canadiens à atteindre le sommet de l'Everest. Je suis très fier de le rencontrer enfin. À 45 ans, il a grimpé quatre fois jusqu'au sommet.

Les Sherpas qui vivent dans la vallée de l'Himalaya sont les vrais maîtres de l'expédition alpine. Sans eux, sans leur expertise et leur endurance, peu d'alpinistes réussiraient l'ascension. Ils sont guides, porteurs, cuisiniers. Le peuple sherpa est étroitement associé à l'histoire de l'Everest. Il a conservé l'essentiel de sa culture tibétaine et parle un dialecte issu des langues tibéto-birmanes. Les Sherpas sont agriculteurs, éleveurs et, depuis que la montagne s'est mise à l'alpinisme, ils sont devenus porteurs, guides de montagne, propriétaires d'agence de trekking, aubergistes. Dans ce pays, l'un des plus pauvres de la planète, ce tourisme d'aventures en montagne vaut à ce peuple un véritable essor économique.

Les Sherpas possèdent une impressionnante capacité d'adaptation à leur rude environnement, à l'instable relief géographique et à la dureté de ses conditions climatiques. Ils sont sincèrement appréciés des randonneurs et des alpinistes qu'ils côtoient. Forts, loyaux, empressés, on leur reconnaît aussi une bonne humeur et une joie de vivre inébranlables, même dans les circonstances les plus contraignantes ou périlleuses.

Aujourd'hui, à Namche Bazar, j'entre donc dans la toute petite et obscure maison de pierres où sont rassemblés les Sherpas qui nous accompagneront tout au long de cette expédition. La scène est frappante. Une vingtaine d'hommes de petite taille au teint cuivré, solides comme le roc, sont assis sur des banquettes de bois disposées tout autour de l'unique pièce de la maison. Je comprends aussi que c'est sur ces banquettes de bois qu'ils dorment et qu'ils mangent. Il n'y a pas d'autres meubles. Malgré leur air timide, ces Sherpas me sourient de toutes les dents qu'il leur reste et qui me semblent éclatantes à cause de la peau foncée et plissée de leurs visages brûlés par le soleil et les vents des montagnes. Ils hochent tous la tête humblement en guise de salutation et je comprends immédiatement que ce sont eux, les maîtres de la montagne. Dawa Nuru se présente à moi. C'est lui qui m'accompagnera. Rapidement, ce sympathique paysan au sourire franc deviendra plus qu'un guide indispensable, il deviendra un ami, un allié et un fidèle mentor en qui je mettrai toute ma confiance. Il s'exprime difficilement en anglais, mais son sourire en dit toujours long et moi, je le comprends. C'est l'essentiel.

Pour les Sherpas, les expéditions sont rentables et garantissent une sécurité financière, s'ils en reviennent vivants. C'est pourquoi ils ne se plaignent jamais. Ni le froid, ni la maladie, ni les blessures ne les arrêtent. Leur rêve à eux, c'est d'envoyer leurs enfants à l'école de Katmandou.

Cette équipe de Sherpas est fascinante. Ils sont comme une grande famille et cela met bien en évidence que nous sommes les étrangers. À eux vingt, ils ont atteint le sommet de l'Everest 77 fois.

Il faut garder en tête qu'un sherpa n'est pas un guide proprement dit, mais bien un accompagnateur. Un sherpa ne vous pousse pas dans le dos. Il y va selon le rythme de l'alpiniste. Un guide d'expédition est un expert formé pour ce genre d'aventure et ses services coûtent 30 000 $. Ce guide a le mandat de mener son client au sommet et il mettra tout en œuvre pour y arriver, d'autant plus que si son client réussit l'ascension, le guide sera gratifié d'un généreux pourboire. Poussé par l'ambition de réussir là où plusieurs échouent, il risquera parfois sa vie et celle de son client à trop vouloir triompher. Je n'ai pas embauché de guide, je me fie à mon sherpa.

Chapitre 19
Impatient de repartir

Dernière journée de repos à Namche Bazar avant de reprendre la montée vers le camp de base. Cette première partie du périple entre Lukla et le camp de base est essentiellement une expérience de trekking et n'a rien à voir avec la deuxième partie du voyage entre le camp de base et le sommet de l'Everest que j'ai si hâte d'entreprendre. Il s'agira d'une véritable expérience d'alpinisme d'une durée de deux mois.

Je me sens bien acclimaté à cette altitude. Notre équipe de 16 alpinistes est partie un peu avant les autres et nous avançons à un bon rythme. Nous maintenons notre avance sur l'expédition et nous arriverons sans doute au camp de base les premiers en espérant que nous aurons un bon emplacement pour camper, près d'une source d'eau potable, éloignée des urinoirs à ciel ouvert. Il ne faut pas oublier que nous vivrons dans des conditions précaires et qu'avec plus de 300 personnes qui urinent un peu partout sur le glacier, l'eau pourrait vite devenir contaminée.

Aujourd'hui, j'aperçois le sommet de l'Everest pour la première fois depuis six ans, juste là devant moi, si près et si loin à la fois. Le vent souffle rageusement à son sommet et crée des nuages de neige autour de sa tête. Cette image m'éblouit et j'ai peine à croire que j'atteindrai ce sommet fouetté violemment par les bourrasques de vent. La montagne et les vents vont-ils me laisser vivre mon rêve ou me l'arracher des mains? J'ai des frissons, mais je n'ai pas froid. Je frissonne d'excitation, j'ai une montée d'adrénaline comme lorsque j'étais petit et que je me préparais à une expédition avec les scouts. J'ai hâte de reprendre la route. Je la trouve bien longue, cette dernière journée à Namche Bazar. L'oisiveté ne me réussit toujours pas, mais je comprends bien l'importance de ne pas se presser, de prendre notre temps. Je trouve tellement fatigantes ces journées de repos.

Il faudra que j'apprenne à mieux occuper mes temps libres entre les quelques activités et les repas. Justement, parlons-en de la bouffe. Ici, on mange beaucoup de riz et de patates. Les frites sont aussi populaires que chez nous. Ça se comprend puisque presque chaque maison a son petit jardin pour la culture des patates. On nous sert aussi du poulet et un mets typique du pays, le *dahl bat* qui est un mélange de lentilles, de patates et de riz. Au menu, je n'ai pas encore vu de grenouille rôtie sur feu de bois tout simplement parce que la grenouille des neiges n'existe pas.

Au cours de mon premier voyage, je mangeais beaucoup de *chapati,* un pain traditionnel indien sans levure, que les Népalais apprêtaient avec du fromage et une sauce tomate pour leur donner des allures de pizza, mais chaque fois que j'en mangeais, je manquais d'énergie au cours de l'expédition. J'ai donc décidé de me nourrir comme les Sherpas, qui eux semblent avoir de l'énergie à revendre, et j'ai commencé à manger de plus en plus de *dahl bat.* Comme par magie, j'ai retrouvé mon énergie. Côté boisson, nous buvons généralement du thé ou du café et parfois un bon Coke américain! Mais pour se le procurer, il faut souvent marcher durant quatre heures. Marcher quatre heures pour un Coke, ça met en forme et ça fait un peu partie de l'entraînement et de l'acclimatation. Tiens, je devrais vendre cette publicité à Coca-Cola!

Ce soir, je dors mal à cause d'un affreux mal de ventre. Je prends des comprimés d'Imodium qui n'aident en rien. Le mal persiste et au matin, il faut repartir. Notre chef d'expédition me conseille de prendre des antibiotiques. Ça me soulage un peu, mais je n'arrive pas à retrouver mon énergie. Je suis déshydraté, même si je bois beaucoup d'eau. Nous partons vers Deboche à 3 665 mètres d'altitude, mais il faut faire un détour inévitable par Tengboche. Pour s'y rendre, la pente est extrêmement aride et longue à grimper. Je me sens de plus en plus faible. J'ai peur de m'évanouir. Je me répète cent fois que je dois maintenir mon rythme. Je refuse de traîner la patte, mais c'est plus facile à dire qu'à faire. Je me mets donc des points de repère et je me dis, en identifiant une grosse roche loin en avant : *Vas-y, bientôt tu vas la dépasser, la roche.* Ainsi, d'objectif en objectif, j'avance toujours et j'atteins le but : Deboche enfin.

Je saute sur mon téléphone satellite. Il faut que je parle à Marie-Pierre. Ce sera la première fois que je lui parle depuis le début du voyage. Heureusement que les agents des douanes népalaises n'ont pas saisi mon téléphone pour lequel je n'avais pas les moyens de payer un permis d'environ 2 600 $. J'ai la conscience pas mal tranquille, car si j'ai un peu l'impression d'avoir déjoué les douaniers, c'était pour une bonne cause. C'était pour éviter de l'inquiétude à ma famille et à mes amis qui comptent sur des nouvelles fréquentes.

J'ai donc parlé à Marie-Pierre qui en quelques secondes m'a redonné le courage qui m'avait un peu abandonné en route. Je viens de trouver la potion magique à mes malaises : une dose d'antibiotiques, quelques comprimés de Tylenol ajoutés à quelques précieuses minutes de conversation avec ma blonde, un peu de repos, et me voilà guéri.

Ça tombe bien, on va passer un autre jour à Deboche. Je m'enroule dans mon sac de couchage et je dors durant onze heures d'affilée. Au réveil, je me sens franchement mieux. J'ai un regain d'énergie. En plus de ma détermination inébranlable à escalader l'Everest, j'ai le goût d'échafauder de grands projets d'avenir, comme si je venais de ressusciter.

Au cours d'une longue conversation avec mon ami John, qui est le PDG d'une importante entreprise, il me vient plusieurs idées de projets à mettre sur pied à mon retour, comme donner des conférences dans les écoles pour motiver les jeunes à entreprendre la route de leurs rêves. Ces échanges avec John le visionnaire sont très motivants, surtout que ces derniers temps, je suis en constant questionnement par rapport à mon avenir en général. Aujourd'hui, à 24 ans, je m'apprête à vivre mon plus grand rêve, mais rien n'est assuré. J'évalue mes chances d'atteindre le sommet à 50 %, puisque cette réussite est tributaire de plusieurs facteurs sur lesquels je n'ai aucun contrôle. Le danger est omniprésent. Les avalanches, le mauvais temps, le soleil, le manque d'air, les accidents en sont quelques-uns. Mais qu'arrivera-t-il si je n'atteins pas le faîte de l'Everest? Mon rêve sera-t-il anéanti? Est-ce que j'aurai perdu six ans de ma vie et les 100 000 $ que j'ai ramassés? Que penseront mes proches? Est-ce que je vivrai ma plus grande déception à vie?

À toutes ces questions, je réponds NON! Mon rêve, je le vis intensément depuis mon arrivée au Népal, un jour après l'autre, une heure, une minute, une seconde à la fois, comme un éléphant qu'on mange une bouchée à la fois. Et si je n'atteins pas le toit du monde, j'aurai vécu une expédition extraordinaire qu'il n'est pas donné à tout le monde de vivre, surtout pas à un jeune de 24 ans. Mon rêve, il vit dans chacun de mes pas, dans chacun de mes doutes, de mes rires, de mes efforts ou de mes malaises, et c'est lui, mon guide. Je ne le laisserai pas tomber.

John se dit étonné de mon cheminement, vu mon âge. Son étonnement que je vois un peu comme de l'admiration (l'humilité, ce n'est pas toujours bon) me confirme que je suis à la bonne place. Il rit aux éclats en disant qu'à 18 ans, il ne courait pas les expéditions, mais il courait les filles. L'un n'empêche pas l'autre, d'après moi!

Chapitre 20
Le pays des temples

Le lendemain, nous montons vers le temple de Tengboche pour y rencontrer le lama et assister à une cérémonie bouddhiste. Ce village est construit sur un plateau entouré des plus beaux sommets enneigés du Népal. C'est grandiose et envoûtant à la fois. Le lama est un moine bouddhiste chaleureux, engageant, qui semble heureux de nous accueillir. Il parle doucement dans la langue du pays. À la fin de la cérémonie, il bénit notre ascension et nous remet un collier tressé en corde rouge. Je ne sais pas si c'est le paysage, le monastère ou les deux à la fois qui m'apaisent, mais je me sens très bien aujourd'hui.

Plus tard au souper, de retour à Deboche, le leader de l'équipe des Sherpas, Ang Jangbu, nous a traduit ce que le lama de Tengboche nous avait dit au cours de la cérémonie :

> *Je prie tous les jours pour que la paix s'installe entre les maoïstes et les bouddhistes dans notre région. J'exhorte les touristes à ne rien tuer, à ne rien détruire, à respecter la montagne et à travailler en harmonie avec leurs équipes. Si j'étais le maître de cette région, personne n'aurait été autorisé à monter jusqu'au sommet de l'Everest, puisque pour moi comme pour notre peuple, la montagne est sacrée.*

Toutefois, le lama sait reconnaître toutes les retombées économiques et sociales que ces expéditions font jaillir sur le peuple. Depuis la première ascension de l'Everest par sir Edmund Hillary en 1953, le tourisme de montagne s'est grandement développé et a permis que plusieurs écoles et cliniques soient construites dans une région où règne une grande pauvreté. Personnellement, je suis agréablement surpris de la propreté de l'environnement aujourd'hui, comparé à ce que j'ai vu il y a six ans. C'était un paysage avec des sentiers jonchés de déchets de toutes sortes, dont de nombreuses bonbonnes d'oxygène abandonnées le long du parcours.

Je n'ai pas l'habitude d'invoquer le Ciel ou un être supérieur, mais aujourd'hui j'ai demandé à une puissance sans nom quelque part dans le ciel de m'appuyer et de me protéger durant l'expédition. C'est peut-être le recueillement des moines bouddhistes qui a une influence sur moi, ou leur chant, ou la musique tonitruante des longues trompettes tibétaines ou tout simplement la splendeur des montagnes et du décor environnant avec lesquels je me sens tout à fait en harmonie. Il faut dire que les Sherpas sont très pieux et cette piété a sans doute une influence sur moi.

Nous sommes à cinq jours du camp de base, là où le vrai voyage va s'amorcer. Je ne tiens plus en place. De Dingboche où nous passerons deux jours de repos, nous nous rendons à Periche pour visiter le dispensaire de l'*Himalayan Rescue Association* (HRA) que les trekkeurs et alpinistes peuvent consulter pour mieux se familiariser avec le mal d'altitude. Les médecins et les chercheurs scientifiques qui y travaillent nous offrent une présentation sur les précautions à prendre pour éviter ce mal, pour en réduire les symptômes ou le stabiliser. Le HRA a aussi installé un poste de secours sous une tente au camp de base. Trois médecins volontaires restent sur les lieux pendant les saisons majeures de trekking pour venir en aide aux alpinistes qui ont besoin de soins immédiats, à cause d'engelures, de fractures, de problèmes cardiaques ou autres.

Nous passons deux jours à Lobuche à 4 700 mètres et une troisième à Gorak Shep à 5 140 mètres d'altitude. Nous sommes maintenant à deux heures du camp de base. Mes maux de tête sont constants et ne me laissent pas beaucoup de répit. À cette hauteur, il n'y a plus d'arbres et la neige commence à s'accumuler au sol. L'altitude se fait nettement sentir. Heureusement qu'aujourd'hui, la distance à franchir n'est pas énorme. Nous marcherons sur la moraine du glacier du Khumbu. La moraine, c'est un empilement de débris, de gravats et de roches transportés par le glacier qui recouvre le sol. Le panorama est magnifique et, parfois, on aperçoit l'Everest qui se découpe dans le ciel bleu entre les nuages. Je n'ai jamais rien vu d'aussi frappant.

Chapitre 21
Enfin le camp de base!

Enfin le camp de base établi sur le glacier! Dawa est là et porte fièrement un manteau d'expédition sur lequel sont fixés les épinglettes et les écussons qu'il a ramenés de ses nombreux voyages en sol canadien. Ma motivation est à son comble. Nous nous proposons déjà d'aller faire une incursion dans la cascade de glace d'ici quelques jours pour nous pratiquer à circuler parmi les blocs de glace et les séracs dans une section réputée très dangereuse où il faut marcher sur des échelles de métal installées au-dessus de crevasses souvent sans fond. Nous ferons également plusieurs autres petites excursions aux environs du camp. Je suis tellement enthousiaste à l'idée de commencer l'escalade que je me sens comme l'enfant agité que j'étais tout petit. Je voudrais partir tout de suite et tout faire en même temps. Mais je serai patient : il le faut pour réussir l'expédition.

Il y a quelques semaines, quelques-uns des Sherpas ont pris de l'avance pour aller niveler une section du terrain du camp de base afin de recevoir nos tentes. Ils ont installé un drapeau pour identifier notre campement. D'autres Sherpas embauchés par le gouvernement népalais et baptisés *Ice Fall Doctors* sont partis installer les quinzaines d'échelles de métal qui nous serviront à franchir les crevasses du glacier du Khumbu. Ils transportent les échelles sur leur dos et mettent au moins une semaine à les fixer bien solidement. Sans les échelles, il serait impossible de poursuivre notre montée. Parfois, une seule suffit; d'autres fois, il faut attacher jusqu'à cinq échelles bout à bout avec des cordes pour relier les deux côtés des crevasses de profondeur variable selon les mouvements du glacier. Certaines sont si profondes qu'en les traversant on ne voit qu'un grand trou noir au fond. Et comme le glacier peut se déplacer de un mètre par jour, l'installation des échelles est toujours à recommencer. Elle est très impressionnante, cette route des échelles autant à l'horizontale qu'à la verticale lancées au-dessus des gouffres. Les échelles installées à la verticale ont souvent une inclinaison de 70 degrés.

Au camp de base, question de se pratiquer à franchir ces échelles avec nos bottes à crampons, on en avait installé quelques-unes. Marcher sur des échelles quand la menace réelle de tomber n'y est pas, c'est plutôt facile; l'exercice n'a rien de comparable à l'angoisse qu'on ressent quand on traverse celles qui passent au-dessus du vide. Ces échelles branlantes ont l'effet d'un énorme ressort sur lequel on avancerait pas à pas et qui aurait tendance à balancer de gauche à droite et de droite à gauche à la manière d'un pendule. Et quand il y a cinq échelles de suite à traverser, l'effet est quintuplé. Les bondissements et les balancements au-dessus du gouffre sont tout simplement affolants. Sauter en *bungee*, comme je l'ai déjà expérimenté, me semble un jeu d'enfant, comparativement à la traversée de ces échelles.

Heureusement, de chaque côté de l'échelle, il y a une corde tendue qui sert de garde-fou et ici le mot « fou » est juste, croyez-moi. Ces cordes sont reliées à des vis à glace métalliques fixées de chaque côté de la crevasse et nous aident à garder notre ballant si on les tient solidement. La tension sur les cordes doit être maintenue derrière soi et on y parvient en se penchant vers l'avant tout en traversant. Les vis à glace, il faut constamment les recouvrir de neige et de glace pour éviter que la chaleur du soleil sur le métal ne fasse fondre la neige et la glace qui les retiennent et je vous laisse imaginer les conséquences si cela arrivait. Il faut aussi surveiller les extrémités des échelles d'aluminium qui pourraient se déplacer s'il advenait que la neige et la glace fondent autour d'elles. Certains grimpeurs ont tellement peur qu'ils traversent les échelles à quatre pattes, ce qui prend encore plus de temps avec le résultat qu'ils ont peur encore plus longtemps.

J'avais l'impression d'être un acrobate du Cirque du Soleil debout sur la première échelle. Et parlons-en de ce soleil! Dans la cascade de glace, il est cruel, le soleil. Il se reflète partout, sur la glace, sur la neige, et ses rayons ultraviolets nous transpercent la peau. Il faut vraiment s'en méfier et s'en protéger. Une journée où j'avais juste roulé les manches de mon chandail tant j'avais chaud, j'ai attrapé un bon coup de soleil sur les bras!

La distance réelle à parcourir entre le camp de base et le sommet de l'Everest est d'environ 11 kilomètres. On peut donc se demander pourquoi l'expédition dure une soixantaine de jours. C'est tout simplement qu'à partir du camp de base, débuteront les nombreux allers-retours épuisants d'un camp à l'autre pour s'adapter à l'altitude toujours croissante. Il faut se rappeler aussi que nous sommes à la merci des conditions climatiques et que nous devons souvent reporter nos rotations si ces conditions ne nous sont pas favorables.

Monter, camper, descendre. Remonter, recamper, redescendre, plusieurs fois. C'est la rotation, l'acclimatation. Du camp de base à la cascade de glace, de la cascade de glace au camp de base. Du camp de base au camp 1 où nous restons quelques jours selon la météo, puis retour au camp de base. Du camp de base au camp 1, on campe puis on monte vers le camp 2. On y reste le temps qu'il faut. Du camp 2 au camp 3, on expérimente le sommeil d'une nuit sans oxygène. Le lendemain, retour au camp 2, au camp 1 et au camp de base, et ainsi de suite. L'ascension au sommet est encore bien loin.

Chapitre 22
La cérémonie de la pūjā

Nous sommes très bien installés au camp de base et nous avons chacun notre tente. Le camp, situé au pied de la cascade de glace, commence à ressembler à un village de Schtroumpfs où les tentes multicolores poussent comme des champignons sur un terrain raboteux, couvert de roches de toutes les grosseurs. On peut niveler le terrain un peu, mais comme on est sur un glacier qui bouge, il n'est pas rare de se réveiller le matin la tête sur une grosse roche nouvellement apparue. Les Sherpas ont transporté des panneaux solaires qui fournissent suffisamment d'électricité pour éclairer le camp et pour subvenir aux besoins des télécommunications qui se font par walkie-talkie et par téléphone satellite pour les communications personnelles.

La superficie du camp de base équivaut à celle de deux terrains de football. Aujourd'hui, nous sommes peu nombreux, en tant que premiers arrivés, mais d'ici quelques jours, nous serons près de 300 alpinistes, sans compter les nombreux Sherpas. Le camp de base devient alors un lieu multiethnique où ces alpinistes provenant des quatre coins du monde ont tous le même but et carburent au même rêve : gravir l'Everest. La moyenne d'âge des alpinistes est d'environ 40 ans. Je suis le plus jeune, mais pas le moins expérimenté. Ça me rassure.

La montagne est séduisante et mystérieuse. La déesse-mère de la Terre a tous les droits sur la vie et la mort de ceux qui veulent la voir de très près. Sur ces 300 grimpeurs, je sais maintenant que seulement 80 réussiront l'ascension et qu'une quinzaine ne reviendront pas vivants.

D'où je suis, j'entends les blocs de glace débouler dans la cascade, le glacier est vivant! Tout près du camp, il y a la carcasse d'un hélicoptère qui s'est écrasé juste avant notre arrivée. C'était la deuxième fois que je voyais ça. C'est plutôt spectaculaire et surtout rien pour nous rassurer. On se croirait à Hollywood dans le décor de cinéma d'un film d'action extrême.

Les hélicoptères ont du mal à voler à cette altitude étant donné qu'il n'y a pas suffisamment d'oxygène pour faire tourner les pales et on leur recommande de ne pas se hasarder au camp de base. Pourtant, un jour, on a aperçu un hélicoptère qui volait à basse altitude au-dessus du camp pour atterrir. John et moi avons eu la frousse et nous nous sommes réfugiés derrière les rochers pour ne pas qu'il nous tombe dessus! Heureusement, il a fait un atterrissage parfait.

Au camp de base, il y a aussi une grande tente qui sert de salle à manger. Ce n'est pas le grand luxe, mais c'est toujours agréable de rencontrer les autres alpinistes autour de la table et de discuter pendant les repas. À l'entrée de cette tente, il y a un panier dans lequel on doit déposer nos tuques, question d'hygiène. Il faut aussi se laver les mains avant d'y entrer. On a toujours une bouteille d'assainisseur instantané à portée de la main afin d'éviter la prolifération des microbes. La rareté de l'air est suffisante pour nous causer des problèmes de santé; on prend donc tous les moyens possibles pour éloigner les autres microbes qui nous guettent. De même pour les alpinistes qui sont malades. Ils ne sont pas autorisés à entrer dans la tente salle à manger. Cela peut paraître inhumain et mesquin, mais c'est la règle pour tous. Pourquoi risquer de contaminer tout le monde quand on peut l'éviter?

Le mobilier de cette tente consiste en des tables et des chaises pliantes qu'on a disposées sur un joli tapis vert de type simili-gazon comme on en voit encore par chez nous sur certains balcons. Après tout, on a de la classe au camp de base! Après le repas, souvent, on sort les chaises et on se prélasse au soleil pour digérer. Mais c'est toute une stratégie que d'installer sa chaise sur ce sol raboteux, accidenté et couvert de roches de toutes les grosseurs. Il y a aussi un télescope qui nous permet d'observer ceux qui montent dans la cascade de glace.

Aujourd'hui, je participe à la cérémonie de la pūjā animée par un moine bouddhiste. Cette cérémonie de deux à trois heures donne le coup d'envoi aux expéditions. Sans elle, l'expédition ne pourrait avoir lieu. Les Sherpas demandent ainsi la permission à l'esprit de Chomolongma, nom tibétain de la déesse-mère de la Terre, d'escalader l'Everest.

Les Sherpas installent d'abord une sorte d'autel en pierres, sur lequel on hisse un mât de fortune en bambou avec des cordes tendues tout autour de l'autel. À la manière d'une corde à linge, les drapeaux représentant chaque nationalité participant à l'escalade y sont accrochés, au milieu de centaines de drapeaux de prières multicolores qui représentent les cinq éléments de la nature : le bleu pour l'espace, le vert pour l'air et le vent, le rouge pour le feu, le blanc pour l'eau et le jaune pour la terre. Dans l'immensité du décor aride gris de pierres et blanc de neige, ces couleurs qui volent au vent font plaisir à voir.

Le moine fait brûler de l'encens et de petites branches de genévrier qui ressemblent à des branches de cèdre, puis il récite des prières. Des offrandes de toutes sortes sont déposées sur l'autel. Du riz, de la farine, des friandises, du Coke, du Sprite, de la bière, de l'alcool de riz. Je ne prends pas d'alcool, question de ne pas nuire à mon acclimatation. L'acclimatation exige qu'on ingurgite plusieurs litres de liquide par jour, mais pas plusieurs litres de bière!

Tous les grimpeurs déposent leurs piolets, leurs crampons ou autres pièces d'équipement à proximité de l'autel pour que ces objets soient bénis par le moine bouddhiste. Cette bénédiction, je veux y croire, nous protégera contre toutes les menaces qui nous guettent. Mais je garde en tête que la seule bénédiction du moine bouddhiste ne peut me garantir une escalade sans accident. Je dois me fier à mon jugement, être prudent et observer les règles de sécurité. Parce que les Sherpas sont natifs du pays et connaissent bien la montagne, ils ont parfois tendance à ignorer certaines règles de sécurité. Notre chef d'expédition nous recommande d'être extrêmement vigilants et de nous fier à notre bon jugement.

Ici au camp de base, on a le temps de se raconter des histoires sordides, des catastrophes épouvantables mais véridiques qui sont arrivées à des alpinistes aguerris et quand j'y repense en regardant vers l'Everest, j'ai peur. On parle de chutes de centaines de mètres, de la mort tragique d'alpinistes, d'engelures, d'amputations d'orteils, de doigts, de nez, et de la découverte d'une moitié de cadavre et de traînées de sang de un kilomètre sur la neige. Ces scènes épouvantables me reviennent souvent à l'esprit.

La peur ne nous quitte pas vraiment, mais il faut l'apprivoiser pour qu'elle n'ait pas trop d'emprise sur la tournure de l'expédition. Je fais tout mon possible pour dompter la mienne et dominer mes craintes.

J'ai un peu le cafard aujourd'hui. Peut-être parce que certains trekkeurs ont terminé leur voyage et rentrent chez eux? Peut-être aussi que les avalanches qu'on entend à répétition dans la cascade de glace sonnent l'alarme du danger de l'expédition? J'appelle Marie-Pierre avant d'aller dormir. Pour elle, c'est le matin. Et moi qui l'appelais pour lui souhaiter une bonne nuit! Je lui téléphone le lundi, la plupart du temps. À 7 h du matin, son heure à elle. Pas 6 h 59, ni 7 h 1, mais 7 h tapant. Elle commence sa journée, je termine la mienne. Sa voix me réconforte.

Chapitre 23
Pas facile, la cascade de glace

Au cours de cette première semaine au camp de base, certains membres de notre groupe sont allés grimper l'Island Peak ou l'Imja Tse. John et moi, nos sherpas Dawa et Phu Nuru, décidons plutôt de tenter une première montée dans la cascade de glace. L'expérience ne sera pas très concluante, puisque nous commettons une erreur en partant vers 10 h. C'est trop tard parce que déjà un soleil ardent nous attend dans la cascade et nous suivra durant toute l'escalade, brûlant, épuisant. Il viendra même à bout de mon énergie.

Cette première montée dans la cascade de glace jusqu'à la première échelle est absolument exténuante. Nous sommes entourés de séracs qu'il faut constamment contourner ou escalader pour avancer peu à peu sur ce sol couvert de gros morceaux de glace qui ralentissent notre marche. J'ai la langue à terre, je suis épuisé et je ne suis même pas au huitième de la distance que nous aurons plus tard à franchir pour nous rendre au camp 1. Je mets deux heures à me rendre à la première échelle, alors que ce trajet est faisable en 45 minutes. Je suis découragé. La fatigue, c'est surtout le soleil qui me l'impose. Il fait froid, mais le soleil nous accable à cause de sa force de réflexion sur la glace, et même en m'enduisant le visage de crème à base de zinc, je sens ses rayons me pénétrer la peau. J'avance péniblement en me demandant comment je pourrai poursuivre l'expédition si j'ai tant de peine à me rendre à la première échelle. J'étais exténué quand je suis arrivé à l'échelle, mais je l'ai quand même traversée.

C'est sec. J'ai toujours soif. J'ai la bouche pâteuse et la gorge déshydratée. Je respire mal. J'ai peur d'attraper la toux de Khumbu. J'ai vu tellement de gens ici affectés par ces irritations de la gorge. La toux de Khumbu est une toux sèche et irritante pour la gorge. Elle résulte d'un assèchement des bronches occasionné par la respiration intense d'air sec et froid. J'ai vu des gens tellement affectés par cette toux tenace qu'ils s'en déchiraient les muscles de la poitrine ou s'en brisaient des côtes. Même au camp de base, la respiration normale est souvent exigeante à cause du lieu qui est désertique et poussiéreux.

Je reviens à moitié mort et un peu démoralisé de cette première excursion dans la cascade de glace. J'avais tellement hâte d'y aller. Au moins, on comprend qu'il faudra dorénavant partir très tôt le matin vers 4 h ou 5 h afin d'éviter le soleil et qu'il faudra préparer notre équipement la veille pour gagner du temps. Ça me soulage de trouver des solutions. Je retrouve ma confiance. Des épreuves, je vais en rencontrer bien d'autres. Pas question de m'attarder à la première.

Il y a de longues périodes d'attente au camp de base et pas énormément de divertissements ou d'activités à mon goût : lire, jouer au scrabble, jaser, écouter de la musique et encore lire, jouer au scrabble, jaser, écouter de la musique. Pour les quelque 70 jours que dure l'expédition, j'évalue qu'il y a 25 jours d'action. À certains moments, le temps me paraît une éternité. Je cherche toujours quelque chose à faire, comme bricoler avec Dawa et construire des chaises avec des pierres. Parfois, pour passer le temps, on fait une randonnée ou une escalade dans les environs.

Parfois aussi, question de garder la forme, on descend à Gorak Shep pour boire un bon Coke. Ça nous prend une demi-journée, ce qui est très rapide et relativement facile, puisqu'on est bien acclimaté à cette altitude.

Une autre fois, avec Dawa, Phu Nuru et John, nous nous rendons au camp 1 du mont Kala Pattar, à une hauteur de 5 545 mètres. De là, nous décidons de monter jusqu'au camp 2 du mont Pumori à 5 900 mètres d'altitude, toujours pour nous acclimater. C'est nuageux, mais tout à coup, les nuages s'écartent et j'ai une vue imprenable de l'Everest et du tracé de la route qui mène au sommet. Cette vision me convainc que j'y arriverai. Je suis très visuel et j'aime regarder des photos pour me familiariser avec les paysages. Cette fois, je me vois dans le paysage debout sur l'Everest avant même d'avoir pris la photo.

Nous n'avions pas de permis pour aller au mont Pumori, mais nous avons profité du fait que les officiers qui vérifient les permis ne sont pas encore arrivés sur le terrain. Toutes les excuses sont bonnes pour bouger. Je reprends confiance pour la suite des choses et je constate que tous les quatre, nous tissons des liens toujours plus solides et que nous aimons travailler en équipe. Sur le chemin du retour, il se met à neiger et la neige me rend toujours heureux.

Revenir au camp de base après une journée de trekking et d'efforts c'est réconfortant, un peu comme rentrer à la maison. On dort bien et on mange bien, parce que le sympathique Sherpa Newang est un excellent cuisinier qui fait de délicieux gâteaux.

Pauvre Newang! Cet après-midi en revenant d'une tournée, j'entre dans la tente-cuisine où Newang s'affaire autour de ses chaudrons sans dire un mot. Ce n'est pas normal. Newang a toujours quelque chose à dire. En l'observant de près, je m'aperçois qu'il a un côté de la joue bien enflé, qu'il arrive à peine à parler et surtout qu'il a l'air de souffrir. Il me parle par signes et je finis par comprendre qu'il souffre d'un affreux mal de dents et pourtant il continue de travailler! Les Sherpas n'arrêtent jamais, même malades. Juste à le regarder, il me semble que j'ai mal aux dents moi aussi. Tout le monde le prend en pitié et s'en fait pour Newang. Le mot circule dans le camp de base et la chance lui sourit. En effet, dans notre équipe, un alpiniste autrichien est chirurgien-dentiste et lui offre de l'examiner en l'entraînant dans la tente des médecins de la *Himalayan Rescue Association*. Une heure plus tard, Newang sort de la tente, soulagé, le sourire fendu jusqu'aux oreilles malgré sa joue enflée, et une autre dent en moins.

Au camp de base, on peut même prendre une douche. Il y a une sorte de douche rudimentaire installée dans une petite tente de toile chauffée au gaz propane où l'eau provient d'un baril suspendu plus haut. Malheureusement, la vie de cette douche a été de courte durée. Je viens d'apprendre qu'elle ne fonctionne plus. Alors, pour le reste du séjour, une fois par semaine, je devrai me faire chauffer de l'eau dans une casserole et, avec une tasse, je prendrai une mini-douche. Ce n'est pas le *Hyatt Regency* de Katmandou, mais ça fait tellement de bien de se laver un peu!

Ça c'était pour la douche; maintenant, les toilettes. Ah! les fameuses toilettes. À partir de Lukla, il y avait des bécosses à notre disposition, mais ici au camp de base, c'est encore plus rudimentaire. Les toilettes sont tout simplement de gros barils de plastique qu'il faut vider régulièrement. Ce sont des Sherpas qui s'en chargent et ils doivent marcher deux heures pour aller les vider. Je ne les envie pas du tout. Changeons de sujet et parlons donc météo!

La température est très agréable ici. Ni trop froid, ni trop chaud. Le jour, le mercure oscille entre 10 ºC et 15 ºC et la nuit, il descend à -10 ºC. C'est quand même un bon écart!

Chapitre 24
La cascade de glace, deuxième tentative

Après 14 jours d'excursions ici et là à partir du camp de base, nous faisons une deuxième excursion dans la cascade de glace proprement dite. Je suis un peu inquiet parce que mes souvenirs de la première montée refont surface et je n'ai pas le goût de vivre un deuxième échec. Mais mon moral est bon et je suis persuadé que cette fois tout ira bien parce que tous les quatre, Dawa, Phu Nuru, John et moi, nous faisons maintenant toujours équipe ensemble, et que nous sommes mieux préparés et que nous avons pris nos précautions pour mener à bien cette deuxième tentative.

Levés à 4 h, nous prenons un bon déjeuner, nous faisons une prière devant le monument de la pūjā et à nous la cascade de glace! J'espère cette fois que la Déesse sera avec nous. En moins de trois heures, nous atteignons la section dite « pop-corn », qui est un amoncellement de blocs de glace qui se sont effondrés dans cette vallée. Cette glace concassée en gros morceaux est d'un bleu indescriptible et l'ensemble fait penser à un jardin d'énormes pierres précieuses. C'est un passage de toute beauté, mais difficile à traverser. Des séracs imposants se tiennent en équilibre précaire au-dessus de la cascade.

J'essaie de ne pas penser aux risques d'effondrement de glace pendant que nous traversons. Peut-être qu'aujourd'hui cela nous sera fatal? Il n'y a pas de portes de sortie quand des blocs de glace de la grosseur d'une maison se mettent à débouler à toute vitesse. Ils ont coûté la vie à plus d'un alpiniste. J'avance à un bon rythme, mais j'ai l'impression de traverser un champ de mines où la menace viendrait d'en haut, de la glace et des séracs accrochés à la montagne. Chasser ces pensées négatives. Garder ma concentration. Continuer. Avancer. On en a encore pour au moins quatre heures, sans compter le temps de la redescente.

Tout va bien, je maintiens mon rythme et je respire bien. Au cours de mes excursions précédentes, j'ai trouvé une solution peu coûteuse qui soulage mon inconfort et l'assèchement de la bouche et de la gorge : la gomme à mâcher à saveur de cerises. Ce n'est pas une blague, ça fonctionne pour moi en tout cas, puisque ça m'hydrate et m'empêche de tousser. J'en suis convaincu, c'est grâce à cette gomme que j'ai évité la toux du Khumbu qui s'acharne sur tous les alpinistes et qui affecte de nombreux trekkeurs en haute altitude. *Wow!* J'y pense, ça ferait une bonne publicité pour la compagnie de gomme à mâcher! Tiens : un autre projet pour mon retour.

C'est en cours de route que nous rencontrons les audacieux *Ice Fall Doctors,* ces sherpas employés par le gouvernement népalais, qui ont la pénible et à la fois délicate tâche de voir à la sécurité de la route dans cette section périlleuse, à installer la quinzaine d'échelles au-dessus des crevasses ainsi que les cordes nécessaires aux alpinistes qui utiliseront des mousquetons pour s'attacher à ces cordes par la taille. Ces cordes sont fixées à des pics ancrés solidement dans la glace et si l'alpiniste fait un faux pas, glisse et tombe, il dévalera la pente, mais sa chute s'arrêtera et s'amortira en heurtant le dernier pic planté. Bien sûr il y a risque de blessures, mais au moins la chute ne sera pas fatale.

Et chaque jour, leur travail est à recommencer, parce que le glacier est en mouvement perpétuel et de nouvelles crevasses s'entrouvrent régulièrement tandis que des falaises s'effondrent constamment. C'est un travail extrêmement exigeant et indispensable à la sécurité des grimpeurs.

En redescendant dans la cascade de glace, dans la chaleur intense du soleil, je me retourne et j'aperçois, de loin, les *Ice Fall Doctors* qui grimpent toujours plus haut, avec des échelles de métal sur leur dos. C'est scène est inspirante. Ils sont fidèles au poste et n'abandonnent jamais.

Cette deuxième incursion dans la cascade de glace s'est très bien déroulée et me donne extrêmement confiance. Cette expédition réussie augure bien pour le reste du voyage. Il est humain de se décourager parfois et même d'échouer, mais il est aussi humain d'avoir la possibilité et surtout la volonté de se reprendre. La prochaine fois que je traverserai la cascade de glace, ce sera pour me rendre au camp 1. J'ai tellement hâte de voir les montagnes sous un autre angle. Ça fait maintenant trois semaines que nous sommes au camp de base lorsque j'apprends que la cascade de glace ne sera pas ouverte pour nous rendre au camp 1 avant au moins cinq jours. Le temps me paraît long, surtout que certains jours, il est difficile de sortir tant il neige et les vents sont forts.

Nous sommes à la merci du climat et devons nous méfier des tempêtes de neige, des avalanches qui ralentissent le voyage et nous forcent à rester sur place. Il faut aussi nous méfier de nous-mêmes et être extrêmement vigilants pour éviter de prendre des décisions hâtives ou irréfléchies qui pourraient compromettre l'expédition.

Ce matin, avec des collègues, j'ai aidé un groupe qui construisait une plate-forme d'atterrissage pour un hélicoptère qui devait se poser au camp de base. En voulant soulever une pierre, j'ai glissé, j'ai perdu pied sur la glace et mon genou a heurté assez durement une grosse roche sur le sol. Ouch! J'ai ressenti une douleur aiguë et j'ai eu peur que cette blessure soit grave et m'empêche de continuer le voyage. J'ai mal au genou et je me sens tellement vulnérable à cause d'une maladresse. Je me dis que si je suis arrivé à me blesser au camp de base où les risques d'accident sont minimes, c'est mauvais signe pour le reste du voyage où chaque pas cache un danger. Il y a aussi un gars de notre équipe qui a trébuché en allant aux bécosses et qui s'est suffisamment blessé pour devoir retarder toute son expédition. Ce soir, mon genou est guéri et mes craintes sont dissipées, mais j'ai quand même eu ma leçon : prudence et concentration sont mes deux meilleures alliées.

Chapitre 25
Movie Nights et pop-corn au camp de base

On attend beaucoup, on attend énormément au camp de base. Je le répète encore et encore. Ça aiguise ma patience. On attend qu'une tempête se calme, on attend les conditions climatiques idéales, on attend que les Sherpas installent les échelles. On attend. Souvent, pour meubler ces attentes, on joue aux échecs, aux dames ou aux cartes. Les Sherpas aussi jouent aux cartes à l'argent. C'est leur mini-casino à eux. Aujourd'hui, certains Sherpas ont passé une bonne partie de la journée à nous regarder jouer aux dames. Ils avaient l'air tellement intrigués par ce jeu pourtant si simple qu'ils ne connaissaient pas et qu'on leur a montré à jouer. Maintenant, ils adorent ça et jouent régulièrement!

Au camp de base, des chercheurs américains de la NASA sont installés dans une grande tente. Ils travaillent pour le compte de l'université Brown dans le Rhode Island et font de la recherche en vue d'une prochaine mission sur Mars. Leur rôle est d'étudier et d'analyser les changements dans le comportement humain et dans l'état psychologique des alpinistes à mesure qu'ils évoluent en altitude. Au cours d'une conversation avec eux, le chef de cette équipe a demandé à quelques-uns d'entre nous si on accepterait de participer à leur recherche. L'exercice était simple et nous avons accepté de collaborer. C'est un nouveau passe-temps. Au cours de nos rotations, montées et descentes, les chercheurs communiquent avec nous par radio et nous demandent d'effectuer certains tests tirés du calepin qu'ils nous ont remis. C'est bien simple, mais plus on monte en altitude, plus nos explications deviennent floues et nos réponses sont difficiles à verbaliser. De retour au camp de base quand nous leur avons remis les résultats, j'ai demandé au directeur de la recherche :

- Vous nous payez combien pour avoir joué les cobayes?

- Malheureusement, m'a-t-il répondu, c'est du bénévolat que vous avez fait, mes amis, mais on vous remercie beaucoup d'avoir collaboré. C'est très apprécié.

J'ai insisté. J'avais une idée en tête. Une bonne idée qui ne coûte pas cher.

- Je sais comment vous pourriez nous payer. Vous avez des ordinateurs et des films dans votre tente? Vous pourriez nous inviter à venir visionner des films, question de passer le temps?

Ils ont accepté et nous ont invités à visionner des films avec eux. Nous avons donc passé certains après-midi et quelques soirées à regarder des vieux films comme *Starsky and Hutch* ou *Forrest Gump* en mangeant du délicieux pop-corn préparé par les Sherpas qui étaient pas mal impressionnés par les *Movie Nights*. C'est plutôt rare qu'ils ont la chance de voir des films. Moi-même, j'en oublie où je suis. Les films nous transportaient dans un autre monde et quand je sortais de cette salle de cinéma improvisée sous la tente de la NASA, j'avais l'impression d'être sur Mars à mon tour. Il faisait nuit, les étoiles brillaient, la lune éclairait le sommet de l'Everest et tout était tranquille au camp de base. Devant ce paysage envoûtant, je secouais la tête pour revenir à la réalité en me disant : *Ah oui, je suis au Népal, destination Everest.*

Nous avons régulièrement organisé des soirées *Movie Nights* et pop-corn dans la tente de la NASA et, en prime, je me suis fait d'excellents amis parmi ces chercheurs.

Chapitre 26
4... 3... 2... 1 : départ vers les camps 1 et 2!

Le signal du départ pour le camp 1 approche. Quelques jours encore. Les sherpas sont allés approvisionner le camp 1 et on s'est amusé à sélectionner les nombreuses friandises qu'on prévoit apporter : jujubes, barres de chocolat, *beef jerky*. Nous étions comme des enfants devant un comptoir de bonbons au dépanneur. Mais ici, les bonbons et les chocolats, ce n'est pas du caprice. C'est une question de survie. Les bonbons et les chocolats sont très calorifiques et nous injectent l'énergie dont on a besoin tout au long de l'escalade. J'en ai toujours dans mes poches ou dans mon sac. Je n'aurais jamais cru que des bonbons pourraient me garder en vie et en forme. On m'a plutôt enseigné le contraire. Cependant il ne faut pas être trop gourmand et surtout ne pas oublier que ce que l'on apporte dont on ne se sert pas, il faut le rapporter. D'ailleurs, je ne demande jamais à Dawa de transporter de l'équipement ou des provisions que je peux apporter moi-même, pour éviter de le surcharger. Dawa et moi, nous nous respectons beaucoup. Grâce à ce lien de confiance mutuelle, notre expédition couronnée de succès a été très agréable.

Cette semaine, nous apprenons à nous servir du système d'oxygène en cas d'urgence. Le cerveau est fragile. Il ne représente que 2 % du poids total d'un adulte moyen, mais il consomme 15 % de l'oxygène du corps. Le manque d'oxygène au cerveau fait pomper le cœur et provoque des hallucinations. Il est possible que nous ayons besoin d'oxygène en route vers le camp 1 si le mal aigu d'altitude se fait sentir. Il y a aussi un sac Gamow à notre disposition. Il s'agit d'un sac de nylon étanche, appelé aussi chambre hyperbare ou caisson hyperbare portable, dans lequel on peut placer une personne atteinte du mal aigu de l'altitude pour la soulager. À l'aide d'une pompe et d'un compresseur, on augmente la pression d'air à l'intérieur du sac pour arriver à simuler une baisse d'altitude et aider la personne à mieux respirer. Ça me fait penser aux sacs dans lesquels on enferme les cadavres à la morgue. J'espère ne pas avoir à m'en servir et, pour toujours mieux m'acclimater, je vais régulièrement me dégourdir dans la cascade de glace avec Dawa, Phu Nuru et John.

Quand je n'ai vraiment, mais vraiment rien à faire, je joue aux cartes et le jeu de patience est tout à fait indiqué. Rester trop longtemps à ne rien faire au camp de base me rend un peu légume. J'ai besoin d'action. Ça me donne envie de faire un mauvais coup, juste pour rire, comme quand j'étais petit et que je m'ennuyais. Je compte les jours, les heures, les minutes avant le départ. Je commence à en avoir assez du camp de base, il est plus que temps d'aller voir d'autres paysages.

Le camp de base est en constante liaison radio à ondes courtes avec toutes les équipes d'alpinistes du versant sud et du versant nord. Les réussites comme les accidents et les échecs nous sont transmis régulièrement et rapidement. Ce matin, deux morts. Deux sherpas qui cuisinaient dans leur tente ont été asphyxiés au dioxyde de carbone du côté du versant nord.

Trêve de statistiques morbides, il faut y aller. Le départ est prévu pour demain. Il y a de l'agitation et de l'animation dans l'air au camp de base. C'est stimulant. Il va enfin se passer quelque chose. On attend le retour des sherpas qui sont partis très tôt vers le camp 2 ce matin pour l'installer et l'approvisionner. Ils apportent les tentes, les pelles, la nourriture, les sacs de riz, les bonbonnes d'oxygène, etc. Tout à coup vers 13 h, on les voit revenir et on se demande s'ils ont vraiment eu le temps de se rendre au camp 2. *Eh oui, tout est organisé au camp 2*, nous disent-ils. Plus que des champions, ce sont des héros, nos sherpas. Ils sont aussi à l'aise sur les routes de montagne que nous sur les trottoirs de la ville. Ils m'impressionnent tellement. Je les trouve remarquables.

Je prépare mes bagages. Juste ce qu'il faut, 20 kilos en tout. Sac de couchage, matelas gonflable, vêtements de rechange, trousse de premiers soins, collations, eau. Nous dormirons au camp 1 au moins trois nuits. Je me sens nerveux. L'anxiété me gagne à la pensée de ce lendemain que j'appréhende au plus au point. Pourtant, je suis prêt. Rien de grave ne devrait m'arriver.

Nous partons à 5 h pour éviter la chaleur insupportable dans la cascade de glace. La montée est épuisante parce que nous ne sommes pas encore assez acclimatés à cette altitude. Le camp de base est à 5 400 mètres alors qu'au camp 1 nous serons à 6 100 mètres. La différence se fait vraiment sentir. Ma respiration devient de plus en plus saccadée et je me fatigue rapidement.

Et il y a encore ces redoutables séracs suspendus au-dessus de ma tête, gros comme des autobus de ville. Je voudrais courir, m'enfuir, les laisser derrière le plus rapidement possible, mais je sais que je dois garder le même rythme tout le temps. J'essaie de me concentrer le plus possible. Rendu au sommet de la cascade de glace, je me sens terriblement fatigué et je n'ai pas encore fait le quart du chemin. J'ai chaud, j'ai mal à la tête, j'ai la bouche sèche, je n'en peux plus. Pas question de m'apitoyer sur mon sort. Pas question de ralentir. Encore moins d'abandonner. Il faut foncer.

Au bout de cinq heures d'une montée très éreintante, nous arrivons enfin au camp 1 vers midi et demi. Je fais une sieste en après-midi, mais je dors mal. J'ai beaucoup de mal à respirer. Il fait très chaud dans ma tente. Le soleil plombe toujours. C'est suffocant. À mon réveil, le soleil n'est plus là. Le ciel s'est couvert. Il neige abondamment et un grand vent s'est élevé. Ici les vents sont subits et imprévisibles. C'est bientôt la bourrasque. Il faut donc dégager nos tentes déjà recouvertes d'une bonne couche de neige qui n'en finit pas de s'accumuler à mesure qu'on l'enlève. Au cours de la nuit, je réussis à dormir, mais je suis souvent réveillé par le persistant sifflement du vent ou par la toile de ma tente qui me fouette le visage. Je sens que c'est du sérieux, cette tempête. Je sors à quelques reprises pour déneiger ma tente et éviter de me retrouver dans un iglou au matin. Le bruit du vent est tellement assourdissant que c'est presque impossible de me rendormir.

Au matin au sortir de nos tentes, il y un mètre et demi de nouvelle neige au sol. Nous avons deux pelles et nous sommes six. Nous pelletons donc à tour de rôle pendant une bonne partie de la journée pour déblayer le campement. La neige continue de tomber. Impossible de décoller d'ici dans cette tempête. C'est drôle, mais j'aime la sensation de me sentir coincé au camp 1 au milieu des bourrasques et de me faire brasser par la nature rebelle. On est à l'entrée de la vallée glaciaire occidentale, appelée Western Cwm (prononcer *koum*), qui mène au pied du Lhotse où est situé le camp 2 qui se trouve à 6 500 mètres d'altitude. Le paysage est absolument magnifique. La face du Lhotse est glacée comme une patinoire olympique qui se trouverait à la verticale.

Un groupe d'alpinistes installés pas très loin de nous ont décidé de partir malgré le temps, mais au bout de deux heures ils sont revenus au camp 1 complètement épuisés après n'avoir avancé que de 25 mètres tout en pelletant pour réussir à poser un pied devant l'autre. Se frayer un couloir sans raquettes dans cette neige qui vous arrive aux cuisses, c'est une cause désespérée. Ça nous sert de leçon. Il vaut mieux rester sur place et nous prémunir contre la tempête et les dangers imminents d'avalanches. Nous devons pelleter régulièrement pour dégager le camp, et la neige finit par s'accumuler jusqu'à deux mètres de hauteur tout autour du campement, ce qui protège nos tentes contre les rafales de vent et de neige qui persistent. Deux jours passent ainsi. Je me sens très heureux, prisonnier de la neige. C'est de l'aventure comme je l'aime. Emmenez-en, de la neige et du vent!

À l'heure des repas, tous s'entassent sous une petite tente et nous faisons fondre de la neige pour faire du thé. Nous sommes tassés comme des sardines. Nos genoux et nos pieds se touchent tous. Si on étire un peu trop les jambes, on risque de percuter le poêle et de renverser l'eau qui bout.

Ici, il n'y a rien d'autre à faire que de pelleter, manger, dormir, lire et écouter notre MP3. Dans ce grand isolement, il m'arrive souvent au cours de la journée de penser à ma famille, à Marie-Pierre et à Marine. Je ferme les yeux et je m'imagine à la maison. J'ouvre les yeux et je suis prisonnier d'une tempête en plein cœur de l'Himalaya.

La troisième journée vire à la catastrophe. Nous avons épuisé nos réserves de propane. Privés d'un poêle, impossible de faire fondre de la neige pour l'eau nécessaire à la préparation des repas. Nous communiquons avec le camp de base et consultons Mark, notre chef d'expédition, qui nous confirme que des bouteilles de propane ont été livrées à un campement voisin pour une équipe qui montera plus tard et qu'on pourrait les récupérer, si on réussissait à les trouver.

Un camp voisin, a dit le chef. Où ça, le camp voisin? On ne voit rien dans cette tempête, ni ciel ni terre et encore moins un camp inhabité invisible dans la rafale. Nous ne lâchons pas. Je sais que nous allons nous en sortir. Nous prenons donc la chance de nous orienter dans une direction imprécise tout en nous pelletant un sentier qui disparaît dans l'épaisse neige derrière nous à mesure que nous avançons. Au bout de quatre heures à nous frayer un sentier coûte que coûte, nous tombons enfin sur le camp voisin. Mais où sont les bonbonnes? Enfouies sous la neige? Souvent pour faciliter le repérage de l'équipement laissé pour une équipe, les sherpas installent des petits drapeaux qui servent d'indications. Aucun drapeau en vue. Tout à coup, j'aperçois un monticule de neige qui fait surface. Eurêka! Les bouteilles de propane sont camouflées dessous. Nous sommes sauvés!

Le soir de la quatrième journée, le ciel s'est complètement dégagé pour nous montrer les impressionnantes montagnes recouvertes d'épaisses masses de neige. Un décor merveilleux composé de toute cette blancheur et de tous ces pics superposés à perte de vue comme de grands fantômes blancs. Mais l'envers du décor est moins reluisant, puisque les risques d'avalanche sont maintenant très élevés à cause de ces masses de neige mal équilibrées sur les sommets qui menacent de se détacher et de dévaler la montagne en emportant tout sur leur passage. Les avalanches de neige peuvent descendre

Stupa, monument bouddhiste tibétain

Namche Bazar

La vallée du Khumbu

Carcasse d'hélicoptère près du camp de base

Des yaks avec le mont Pumori en arrière-plan

Franchissant une crevasse

Dawa Nuru, moi et Phu Nuru devant l'autel de la Pújá

photo : John Turner

Les Ice Fall Doctors montent les échelles.

photo : Dan Griffith

Passage d'une crevasse

photo : John Turner

En traversant les crevasses

Dawa Nuru, mon sherpa

une pente à une vitesse de 100 à 300 km/h. Au cours de la montée, le décor nous montre souvent des débris de tentes coincés dans la glace, des toiles jaunes, rouges ou orange qui volent au vent. Elles ont dû être ensevelies sous une bourrasque ou emportées par une avalanche. Elles sont maintenant toutes déchirées et coincées dans la glace.

Cette menace est omniprésente. Ça gronde autour de nous. Pas très loin, on entend des avalanches déchaînées qui font leur grand ménage dans les montagnes. Tout à coup, juste en haut de notre campement, on voit venir un nuage de neige gigantesque et furieux. Un monstre de neige fonce vers nous à toute vitesse dans un vacarme infernal.

C'est l'avalanche! Vite rentrez dans vos tentes! hurle un de nos collègues. Quand je l'ai entendu, j'ai compris que c'était du sérieux parce que cet alpiniste-là, c'est un expert en avalanches!

Nous nous réfugions vite sous nos tentes qui se mettent à branler de tous côtés au passage de cette épouvantable poudrerie. Je retiens mon souffle, le visage collé à la petite fenêtre de plastique de ma tente. Je ne veux rien manquer. C'est comme regarder un film d'horreur! La déesse de la montagne est de notre côté, nous sommes épargnés par l'avalanche.

On nous a dit que l'an passé, une avalanche avait complètement enseveli le camp 1 et que, pour minimiser les risques, on avait changé ce camp d'endroit cette année. Le camp 1 est maintenant installé près d'une crevasse qui ralentit les élans des avalanches, qui sont aspirées par la crevasse.

Il n'est pas rare que des équipes d'alpinistes soient ensevelies après le passage d'une avalanche et malheureusement les chances de survie après un tel ensevelissement sont bien minces, car chaque minute qui passe réduit les possibilités de sauver la victime.

Après ces émotions fortes, nous décidons de passer une dernière nuit ici. Demain, nous repartirons vers le camp de base puisqu'il est inutile de se hasarder vers le camp 2 dans cette neige folle.

Au matin, toute l'équipe n'est pas d'accord pour repartir dans ces mauvaises conditions, mais avec le soleil qui se pointe et qui ne tardera pas à faire fondre la neige, les Sherpas estiment que les dangers d'avalanches seront encore plus grands. Il faut leur faire confiance, ce sont des experts après tout. Vers 11 h, nous quittons le camp 1.

Tout au long de la descente, j'ai l'impression d'être poursuivi. J'entends le son des avalanches de glace tout autour. On se croirait en temps de guerre, surveillé de partout par l'ennemi. La cascade de glace est terrifiante ce matin. J'ai peur. Les séracs en équilibre instable se font de plus en plus redoutables et je remarque que plusieurs se sont déjà effondrés au cours de la tempête. Heureusement que les échelles n'ont pas été emportées. Le décor est complètement changé dans la cascade et c'est encore plus difficile de traverser cet étrange labyrinthe enneigé, jonché de roches et de blocs de glace qu'il faut contourner ou escalader et où s'élèvent d'imposantes tours de glace d'un bleu tellement limpide et si impressionnant qu'il faudrait que je prenne des photos, mais j'y renonce. Ces tours pourraient s'effondrer sans avertir. Ce sera pour une autre fois, le tourisme photographique.

Tant d'alpinistes ont déjà laissé leur vie dans des tempêtes semblables. Non, surtout ne pas me laisser attraper par la peur et rester le moins longtemps possible dans la cascade. *Concentration*, que je me répète, *concentration*. Ne penser à rien d'autre qu'à avancer rapidement, mais prudemment pour arriver au plus vite dans une zone moins hostile. Après une descente en un temps presque record (trois heures seulement), nous arrivons enfin au camp de base hors de danger. Merci, la vie!

Chapitre 27
Tragédie dans la cascade de glace

De retour au camp de base, j'apprends que Dawa et son cousin Phinjo retourneront porter de l'équipement au camp 1 demain. Ça rapportera à chacun l'équivalent de 20 $. Comme ils ne reculent devant rien, qu'ils sont extrêmement travaillants et que l'argent est une motivation, ils ont accepté d'y aller. Dans les conditions climatiques actuelles, je trouve que c'est terriblement risqué pour eux de s'engager dans la cascade. Le matin, au moment du départ de Dawa et Phinjo, il me vient à l'esprit de suggérer à Dawa d'attendre de meilleures conditions climatiques, mais je me retiens. Je n'ose pas intervenir. Il a de l'expérience, il sait ce qu'il a à faire.

Le lendemain de leur départ, en sortant de ma tente, il y a beaucoup d'agitation au camp de base. On parle d'un accident dans la section dite bleue de la cascade de glace. On dit qu'un énorme bloc de glace s'est effondré. Trois sherpas sont morts. Deux sont blessés. Les radios s'activent. On communique avec un. On reçoit un appel d'un autre. Les rumeurs vont bon train et tout le monde est en état de choc au camp de base. La mort a frappé. On l'attendait, celle-là. Mais qui a-t-elle frappé? Dawa? Phinjo? Oui, Phinjo, le plus vieux des sherpas, le cousin de Dawa. Juste ici, tout près de moi, un sherpa pleure, le visage tourné vers la cascade de glace. Cette image me bouleverse.

À mon réveil, plus tôt, j'avais entendu le bruit sourd de l'avalanche et des séracs qui ont coûté la vie à trois hommes. Les grandes tours de glace bleue sont finalement tombées, meurtrières, 24 heures seulement après notre passage. Dawa a eu plus de chance. Il a réussi à se rendre au camp 1 et à revenir. Tout seul, sans Phinjo et pour 20 $!

On nous annonce qu'un hélicoptère arrivera bientôt pour emmener les blessés. On se mobilise donc pour aménager une piste d'atterrissage d'urgence un peu plus haut que le camp de base. Avec John et quelques autres alpinistes, on se met rapidement au travail. La tâche est énorme et je doute qu'on puisse en venir à bout. Il me semble que malgré toute notre volonté et notre travail acharné, on n'avance à rien, faute de main-d'œuvre. Tout à coup, d'en haut, j'aperçois des gens avec des pelles qui viennent dans notre direction. Nous sommes de plus en plus nombreux et le travail progresse enfin. Chaque fois que je me retourne vers le camp de base, d'autres équipes emboîtent le pas et viennent à notre aide. C'est franchement beau à voir, cette colonne d'êtres humains de diverses nationalités qui viennent participer à une lourde corvée et qui font le travail à la chaîne. Cette image d'intense solidarité restera gravée à jamais dans ma mémoire.

À la fin, nous sommes environ 125 personnes et tout est terminé au bout de deux heures. Bien sûr, certains sont là pour se donner en spectacle, comme ce gars qui soulève et transporte de grosses pierres devant la caméra vidéo d'une équipe de production, mais qui les laisse tomber dès que la caméra s'éteint. Cette scène fait plutôt rire, comparée à l'incroyable esprit d'équipe qui règne en ces moments sombres.

L'atmosphère est très lourde autour de la table pendant le repas. C'est le silence absolu. Je l'aimais bien, Phinjo, il avait toujours un large sourire collé au visage. Je lui avais montré à jouer aux dames. C'était difficile car il ne parlait pas anglais ou si peu. Dans la tente utilisée comme salle à manger sur un babillard, sont affichées les photos polaroid de tous les Sherpas avec leur nom en dessous afin que les trekkeurs et les grimpeurs puissent se familiariser avec les noms et les visages. La photo de Phinjo est piquée sur le mur d'en face. Il nous observe. C'était la 49e expédition de Phinjo vers l'Everest. Je pense à Dawa. Quelle tragédie pour lui! Il a beau avoir souvent vu et côtoyé la mort, je ne pense pas qu'on s'habitue à elle, surtout quand il s'agit du décès d'un proche.

Au souper, un des Sherpas est entré dans la tente salle à manger pour retirer la photo de Phinjo dans le but de la remettre à sa famille. C'était touchant. Pourtant un des alpinistes s'est opposé et a demandé au sherpa de ne pas toucher à la photo. Je ne comprenais pas de quel droit ce gars-là intervenait. C'était la dernière photo de Phinjo et il était tout à fait légitime qu'elle revienne à la famille. Le sherpa l'a retirée sans rien dire et Phinjo a complètement disparu du camp, mais pas de notre mémoire.

Dawa est rentré au camp de base tout seul, l'œil triste, le cœur lourd, son sourire éteint. Ensuite il est reparti pour son village de Phortse, accompagné de Phu Nuru. Douze heures à pied pour aller annoncer le décès à la famille de Phinjo pour qui perdre un mari, un père et l'homme qui rapporte un salaire régulier est une triple catastrophe. Qui blâmer pour cette mort?

Nous, les touristes sportifs qui faisons vivre ces Sherpas dans un monde où la vie ne tient qu'à un fil? Sommes-nous des exploiteurs de pauvres gens? Qui désormais fera vivre décemment la famille de Phinjo? Est-ce si important d'atteindre le sommet quand on sait que la mort n'arrêtera jamais de frapper? Ici la mort est banalisée. Un mort de plus ou de moins, ça n'a pas tant d'importance, on dirait. L'important, est-ce de mettre le pied sur le sommet au prix de n'importe quelle vie, même la nôtre? Tant de questions sans réponse se bousculent dans ma tête aujourd'hui.

Je suis très secoué par ce malheur, je l'avoue. J'arrête ou je continue à risquer ma vie pour un rêve que je ne réaliserai peut-être pas? Et dans ce pays de misère, nous payons les pauvres gens pour aller nous amuser à ne pas mourir en montagne. Mes pensées s'embrouillent. Je ne prendrai pas de décision précipitée. Je me donne quelques jours pour réfléchir. Il y a ici dans ces montagnes des grandeurs et des puissances qui me font évoluer et grandir tous les jours. Je me dis que si je reste et qu'un accident fatal devait m'emporter, je voudrais que l'on voie mon départ comme s'il faisait partie du cycle de la vie, de ma vie. Cette pensée me semble égoïste tout à coup et je ne peux m'empêcher de penser à ceux qui m'appuient et m'encouragent. Je ne peux pas leur imposer cette façon de penser, car eux resteront et devront vivre un deuil. Je suis tiraillé, j'arrive mal à faire la part des choses. J'ai besoin de leur avis. Ils habitent toujours mes pensées. Je décide de leur téléphoner.

Je réussis à parler à ma mère et à mon père aujourd'hui. Ça me remet sur le piton, comme on dit. Je voudrais parler à Marie-Pierre, mais je ne réussis pas à la joindre. J'ai énormément apprécié la conversation avec ma mère. Elle ne m'a pas dit qu'elle s'inquiétait. Elle ne m'a pas dit d'être prudent. Elle ne m'a pas dit de revenir à la maison si je souhaitais abandonner l'expédition. Au contraire, elle m'a fortement encouragé à continuer, à foncer, à rester fort et solide. J'ai été surpris et touché par sa réaction qui m'a remis sur la bonne voie. Peu à peu, j'ai réussi à repousser lentement les angoisses qu'avaient provoquées ce tragique accident et surtout la mort de Phinjo.

J'attends maintenant avec plus de sérénité le retour de Dawa et de Phu Nuru. Je vais me donner corps et âme à la prochaine étape de l'expédition. L'appui indéfectible de ma famille m'a injecté une grande charge de courage.

Chapitre 28
De rotation en rotation, l'expédition se poursuit

Un alpiniste canadien qui a déjà voyagé avec Dawa est arrivé au camp de base aujourd'hui. Il a une lettre importante à lui remettre et de l'argent qui lui permettra d'obtenir un visa pour aller travailler quelque temps au Canada. Il me confie cette lettre que je remets à Dawa à son retour une semaine plus tard. Dawa sourit. Ça fait du bien de le voir sourire. C'est réconfortant. Je lui aide à compléter le formulaire pour le visa. La vie reprend. Dawa regarde en avant. Pour lui, le passé est révolu, le futur n'est pas encore là et le présent, c'est maintenant. Je pense comme lui.

Je me sens tellement privilégié de faire équipe avec Dawa, John et Phu Nuru. Je me dis que l'alpinisme, c'est un sport mystérieux en ce qui concerne le comportement humain. Pour certains, c'est un sport égocentrique dont le but est d'atteindre le sommet à n'importe quel prix sans se soucier des autres. Pour moi, l'alpinisme, c'est un sport d'équipe. J'ai besoin de l'appui des autres dans cette aventure autant que j'ai besoin de me sentir utile à mes coéquipiers. La philosophie bouddhiste réveille un côté spirituel un peu endormi au fond de moi. Je sens que j'évolue sur une route bien adaptée à ma personnalité et les discussions fréquentes avec d'autres alpinistes qui partagent cette philosophie m'enrichissent et me stimulent.

Aujourd'hui, nous retournons dans la cascade de glace, John et moi. Il est 5 h et quand je me lève, tout est prêt à la porte de ma tente. Je suis comme un pompier en devoir. Aussitôt que ma montre sonne le réveil, je me lève comme s'il y avait le feu, je m'habille en vitesse, je saute dans mes bottes, je prends mon sac à dos préparé la veille, je vais déjeuner. Ensuite je vais faire brûler un peu de genévrier sur l'autel de la pūjā. Pas de temps à perdre. Cette fois, tout va comme sur des roulettes dans la cascade de glace. Nous ne mettons qu'une heure à nous rendre à la première échelle. J'entrevois que dans quelques jours nous pourrons nous rendre au camp 1 en trois ou quatre heures. C'est extrêmement encourageant. J'emmagasine du carburant pour ma prochaine rotation. À partir du camp 3, nous devrons nous servir d'oxygène. L'expédition approche de son point culminant.

Ça fait 38 jours que je suis ici. Encore une vingtaine de jours avant d'espérer toucher la crête de l'Everest. Ce matin, nous quittons le camp de base vers

5 h 30. Nous sommes tous en excellente forme au départ et, comme je l'avais prévu, nous mettons quatre heures à atteindre le camp 1. Pourtant, malgré ma bonne forme, la rareté de l'air et les efforts constants et soutenus me vident de mon énergie. Je suis exténué. Je suis à court d'énergie. Juste avancer de deux pas est accablant. À la sortie de la cascade de glace, j'avale un sachet de Power Gel qui contient des hydrates de carbone très concentrés. Presque instantanément, ce gel à la saveur de fraise et banane m'insuffle une bonne dose d'énergie nouvelle. L'effet durera 45 minutes et empêchera une baisse de glycémie. J'aurais pu aussi manger une barre tendre ou une barre de chocolat, mais la simple idée de croquer et de mastiquer me semble bien épuisante en ce moment. Avaler ce gel est beaucoup plus facile et représente une économie d'énergie importante. J'aperçois enfin le camp 1. Une bonne sieste et je retrouverai la forme. Vive le repos du grimpeur!

Demain, nous ferons la route vers le camp 2. J'ai hâte. J'aime découvrir la montagne, j'aime sa nature capricieuse, j'aime le froid et la neige et les panoramas toujours nouveaux que la nature dessine.

La route vers le camp 2 est pénible. Le soleil se met à chauffer, à brûler. Notre rythme est lent. C'est crevant. Tout à coup, j'aperçois le camp 2. On arrive, on arrive, on arrive! C'est comme une illusion d'optique. On voit le camp, mais plus on s'en approche, on dirait que lui s'éloigne. Encore une autre heure de marche et nous arriverons à notre campement. J'ai le souffle court. Je respire mal. Je n'en peux plus. Je regarde la falaise du Lhotse à 8 516 mètres qu'il faudra attaquer demain. Vue d'ici, elle me semble quasi infranchissable. Continuer, continuer, un pas après l'autre. Ne jamais désespérer. Repousser les idées sombres. Demain, je verrai plus clair. Un pas pour Marie-Pierre, un pour Marine, un pour maman, un pour papa, un pour tous ceux que j'aime et que j'ai laissés derrière moi; et je finis par progresser. Ils sont toujours là pour m'aider. Je pense aux jeunes de certaines écoles de chez nous qui suivent les progrès de l'expédition. Ça me remplit de courage et, à mon retour, je tâcherai de bien le leur rendre en les motivant à toujours poursuivre leurs rêves.

Le camp 2, on l'appelle aussi le camp ABC (*Advanced Base Camp*) parce que contrairement au camp 1, il est muni d'une tente-cuisine et que deux Sherpas y sont assignés comme cuisiniers. Je suis heureux d'être enfin arrivé. Je suis à bout de forces, mais la vue incroyable qui s'offre à mes yeux me donne plus d'énergie que deux sachets de Power Gel. D'où je suis, je distingue clairement tout le chemin qu'il nous reste à parcourir. J'aperçois le camp 3, le camp 4 et le fameux sommet. Je suis réaliste. J'entrevois aussi une suite difficile et exténuante, mais aujourd'hui, l'adrénaline qui court dans mes veines me dit que je souffrirai de fatigue, de maux de tête et d'épuisement, mais que je réussirai à dompter ces adversaires.

Je vais bientôt dormir. Il y a une moitié de lune magnifique accrochée dans la vallée et son reflet illumine toute la montagne. Je voudrais que Marie-Pierre puisse la voir aussi, parce que cette lumière est indescriptible et les mots me manquent pour que je lui dépeigne cette scène. Le sommeil me gagne rapidement. Dans les jours qui viennent, de plus hautes altitudes m'attendent. J'ai besoin de repos. Avant de m'endormir, je repasse dans ma tête les événements des dernières journées. Et je ris en pensant à ce curieux alpiniste dont j'ai fait la connaissance dans la cascade de glace.

Chapitre 29

Drôle d'alpiniste

Un visiteur inattendu est arrivé au camp de base juste avant notre départ. Il venait lui aussi grimper l'Everest. Tout un alpiniste. Il n'avait ni sac à dos, ni lunettes de soleil, ni bottes, ni crampons, ni piolet, ni mousqueton. Chose curieuse, il portait un manteau de fourrure. Il était très sympathique et se liait d'amitié avec tous les membres du campement. Il avait l'air de se sentir chez lui. Il allait d'une équipe à l'autre et s'intéressait à tout le monde. Comme il n'avait pas de tente, il s'est faufilé sous la tente d'un alpiniste pour y dormir. À son réveil, l'alpiniste a trouvé l'intrus dormant à ses pieds.

Un groupe d'alpinistes sont partis tôt au matin et il les a suivis, même s'ils ne l'avaient pas invité. Il n'avait pas d'équipement, mais il se débrouillait très bien. Il a même pris de l'avance et il a rejoint notre équipe un peu plus haut dans la cascade de glace. On lui a parlé un peu et il a décidé de se joindre à nous pour le reste de l'expédition. Quand il est arrivé pour traverser la première échelle, il a beaucoup hésité, mais comme il était déterminé à nous suivre, il a réussi à traverser la première échelle à quatre pattes. C'était tout à fait normal étant donné que ce curieux alpiniste, c'était un chien. On l'a baptisé Cool Hand Luke. Il s'est rendu jusqu'au camp 2 sans difficulté. Il faisait deux et même trois fois la route que nous faisions et il n'était jamais essoufflé. Quand il y avait des descentes à faire, il s'assoyait sur son derrière et se laissait glisser sur la pente. Il était tellement drôle à voir. Un vrai clown. Mais on l'a trouvé un peu moins drôle quand on s'est rendu compte que durant la nuit, au camp 2, il avait dévoré 30 œufs cuits durs qui devaient servir à notre alimentation! Le lendemain, Cool Hand Luke avait encore plus d'énergie grâce aux protéines des œufs qu'il avait ingurgités et il pétait le feu tandis que nous en arrachions un peu.

L'expédition de Cool Hand Luke s'est compliquée au moment de la redescente vers le camp 1. Traverser les échelles en montant, c'est relativement simple pour un chien, mais les descendre à un angle de 70 degrés, pour Cool Hand Luke, ça équivalait à une fin tragique certaine. Les sherpas l'ont donc mis en laisse à l'aide d'une corde et l'ont aidé à redescendre au camp 1. C'était bien sûr un compagnon et un alpiniste charmant, bien qu'un peu gourmand. Pour éviter toute forme d'accident qu'il aurait pu provoquer, on a payé à Cool Hand Luke un petit voyage en hélicoptère jusqu'à Katmandou. Nous avons continué vers le camp 3. Bon voyage, Cool Hand Luke!

Chapitre 30
La face du Lhotse

La veille du départ vers le camp 3 situé à 7 300 mètres, j'ai très mal dormi. Quatre ou cinq heures de sommeil, peut-être. Des pensées se chamaillaient dans ma tête et je revoyais constamment la face menaçante du Lhotse, qui me paraissait celle d'un géant qui refuserait peut-être de me laisser l'escalader et me propulserait dans le vide. Vers 6 h, nous partons enfin. Nous espérons arriver au camp 3 vers midi. Je ne m'étais pas trompé. C'est exténuant. J'ai peur que la journée ne finisse jamais. Il vente fort. Il fait très froid. On monte sans arrêt de peine et de misère. Je manque de souffle. Le vent, lui, n'en manque pas. Il est de plus en plus fougueux. Il roule entre

80 et 150 km/h. Il faut foncer, lui rentrer dedans. Il est plus fort que nous. Il nous ballotte de gauche à droite et de droite à gauche et nous hurle dans les oreilles. Inutile d'essayer de nous parler, on n'entend rien dans ce bruit assourdissant. Ici, en ce moment, je vis une expérience extrême. Du jamais vécu. Mon capuchon me protège le visage du vent. Il me reste encore à monter à un angle de 70 degrés les trois quarts de cette face du Lhotse. John s'est mal protégé du vent. Il a les joues blanches. Il souffre d'engelures. Plus tard, ses joues vont tourner au bleu, sa peau va fendre et se recouvrir de gales.

D'ici quelques pas, je vais franchir l'altitude maximale que j'avais atteinte sur le mont Aconcagua, c'est-à-dire 6 962 mètres. Je passe finalement le cap des 7 000 mètres.

Il ne reste que deux heures de marche, me dis-je pour m'encourager. J'ai beau me motiver, me parler, on dirait que rien ne va plus. Chacun de mes pas est exténuant, épuisant. J'en fais un et je me demande si je pourrai en faire un deuxième. Le vent continue de me brasser. La glace est tellement dure et lisse que mes crampons dérapent; je dois me reprendre deux ou trois fois avant de pouvoir les ancrer dans la paroi luisante. On dirait que je suis entouré d'ennemis : le froid, la neige, le vent, l'altitude, la baisse d'énergie et le découragement. Je regarde en avant. Mes confrères alpinistes continuent d'avancer. Ils vivent les mêmes difficultés que moi. Je suis convaincu qu'ils éprouvent les mêmes tourments, la même angoisse. La solidarité nous incite à continuer d'assaillir le Lhotse et à nous suivre dans cette épreuve. Et dire qu'il faudra refaire cette route! Ne pas y penser. Une bouchée à la fois, l'éléphant.

J'ai tant regardé de magazines et de films sur ces expéditions vers l'Everest, et chaque fois, je m'imaginais combien ce serait *cool* d'être sur place. Aujourd'hui, je suis en chair et en os dans ce décor et c'est bien plus que *cool*, c'est glacial et exigeant au maximum!

J'avance, je monte péniblement, bien concentré, quand tout à coup j'aperçois un gros objet qui descend de la montagne à une vitesse folle et qui bondit dans ma direction le long de la paroi. L'objet descend tellement vite que je ne peux même pas dire si c'est un sac de couchage ou un sac à dos. Tout se passe en quelques secondes. Je fige. Il fonce sur moi, m'évite de justesse et continue de dévaler la montagne à vive allure. Je n'ose même pas imaginer le choc si cet objet m'avait frappé de plein fouet. J'avoue que j'ai vécu toute une frousse!

Et puis, enfin rendu! J'aperçois des tentes dressées au camp 3. Erreur! Ce camp n'est pas le nôtre. C'est celui d'alpinistes qui vont escalader le Lhotse. Notre campement est encore à une heure d'escalade et les bourrasques sont de plus en plus féroces, me semble-t-il. *Courage, Jean-François!*

Cette toute petite heure me paraît une éternité. Pourtant la vue qui se dessine autour de moi en vaut le coup. Cette fois, c'est vrai. C'est notre campement que j'aperçois. Une vingtaine de mètres et nous y voilà! Le décor que nous offre le camp 3 est à couper le souffle. Heureusement qu'on a de l'oxygène! C'est saisissant. Cent fois plus impressionnant que dans mes rêves, que dans mon imagination le bruit du vent qui fonce comme un bolide à 300 à l'heure et qui fauche la neige au sommet de l'Everest dans le bleu du ciel. D'ici, on a une vue splendide sur l'ensemble des camps et sur la vallée. Malgré la fatigue intense, je me réconcilie avec la montagne tellement ce spectacle est hallucinant.

Dawa et Phu Nuru semblent pas mal fiers de John et de moi. Ils disent que nous avons très bien réussi cette étape. Ça nous gonfle l'ego un peu, mais pas trop; juste assez. Une bonne tape dans le dos, ce n'est jamais de refus. Après-demain, nous redescendrons au camp de base. C'est notre dernière rotation. Les rotations sont essentielles. Elles nous permettent de nous acclimater, mais aussi d'entrevoir les obstacles et de comprendre la résistance de cette nature aussi invitante que rebutante. L'ascension finale qui mène au sommet ne sera pas de tout repos, j'en suis conscient, mais qui veut peut et moi, Jean-François Carrey, je veux de toutes mes forces.

Malgré cette volonté de fer, je sais que je ne suis pas à l'abri des incidents qui viennent tout remettre en question. Un matin, alors que nous étions au camp 2, nous avons appris qu'un alpiniste tchèque, tombé de la face abrupte du Lhotse, avait fait une chute épouvantable. Il était à peine vivant et souffrait de terribles engelures pour avoir passé la nuit dehors sans abri. Il a été transporté au camp 3. Un médecin de l'équipe chilienne lui a porté secours, mais il était trop tard. Il est mort sur la montagne.

De retour au camp de base où nous passons sept jours, je m'empresse de téléphoner à mes parents et à Marie-Pierre. Ça fait près de deux semaines qu'ils n'ont pas eu de mes nouvelles. Je les rassure. Ils m'encouragent. Par contre, physiquement, ce n'est pas la grande forme. J'ai des maux de ventre persistants et je manque d'appétit. Ça m'inquiète un peu, d'autant plus qu'un membre de notre équipe a été pris d'un affreux malaise au camp 3 et qu'on a dû le redescendre au camp de base tant son état était sérieux. Son côté droit était complètement paralysé. Depuis quelques jours, il doit dormir sous un masque à oxygène. Aujourd'hui, le verdict est tombé : il ne pourra pas poursuivre l'ascension. Il a été victime d'un anévrisme. C'est une amère déception pour lui, d'autant plus que cette expédition représentait sa dernière tentative d'atteindre le sommet. S'il fallait que cela m'arrive, je serais totalement désillusionné.

Je décide de voir un médecin pour mes maux d'estomac. Cette consultation m'a soulagé l'estomac et soigné le moral. En effet, ce médecin m'a raconté une rumeur circulant dans tout le campement, selon laquelle John et moi étions les plus forts et les mieux préparés. Pas question de m'enfler la tête, mais son commentaire est franchement bon pour l'ego et la motivation.

Ce soir, la nuit est tellement belle, perforée d'étoiles avec une lune qui rayonne sur les montagnes couronnées de neige. Même avec une caméra sophistiquée, je pense qu'il serait impossible de capter l'aspect si spectaculaire de ce tableau.

Dawa et Phu Nuru sont allés passer quelques jours dans leur famille avant de poursuivre l'escalade. Nous irons les rencontrer à Gorak Shep demain, John et moi.

Enfin, la bonne nouvelle que j'attendais! De retour au camp de base, Dawa et Phu Nuru nous annoncent que, dans quatre ou cinq jours, les sherpas iront installer les cordes jusqu'au Balcon. Le Balcon, c'est une petite plate-forme naturelle qui se trouve à quatre heures du sommet. Donc, si le temps est favorable, nous entreprendrons l'ascension des ascensions dans les jours qui suivront. Le 17 mai, nous devrions atteindre le sommet. La cible de mon rêve se rapproche. Le temps ne passe pas assez vite et toutes les équipes y vont de leurs prédictions, de leurs plans et de leurs opinions diverses. Il devient difficile de ne pas se laisser influencer par les idées des autres. Pour garder le cap sur notre objectif et demeurer concentré sur notre plan d'attaque, je tâche de me tenir occupé.

Encore trois jours avant le départ. Le soleil est de plus en plus fort au camp de base. Le glacier fond et des bassins d'eau se forment. L'eau commence à envahir le campement, surtout celui des alpinistes européens qui sont installés dans une zone plus inondable. Pour blaguer, on a baptisé leur campement l'*Europe*. Mais les alpinistes de l'Europe sont absents, partis en expédition, et sans notre intervention, leur site deviendra une île submergée et leurs tentes, de petites arches de Noé à la dérive. Au travail! Avec nos pelles et nos piolets, nous creusons des canaux pour l'évacuation des eaux. Il faut sauter d'une roche à l'autre pour arriver à leur campement. Nous sommes une bonne douzaine de volontaires à nous activer pour sauver l'*Europe* d'une terrible catastrophe. À la fin de la journée, mission accomplie! L'*Europe* est épargnée d'une inondation certaine et nous nous sommes amusés en travaillant!

Chapitre 31
Rendez-vous avec l'Everest

C'est évident que l'Everest sera au rendez-vous que je lui ai donné il y a six ans. Mais moi, est-ce que j'y serai? La veille du grand départ équivaut à une bonne préparation et à une tentative de relaxation. Je téléphone à ma famille et à Marie-Pierre. Tout le monde dort mal, ces jours-ci. Chacun s'en fait pour moi. Maman et Marie-Pierre se téléphonent en plein cœur de nuit pour passer le temps et meubler leur insomnie. Elles partagent leurs inquiétudes, leurs espoirs, leur humour et leurs somnifères.

De mon côté, cette nuit, il me faudra bien dormir. Nous irons au camp 2 demain et il faut prévoir une journée harassante. Le compte à rebours est commencé. Au réveil vers 5 h, la pleine lune est encore allumée sur le camp de base pour éclairer le début de notre ascension. Nous sommes six : quatre alpinistes, John, Justin, Sophie et moi, accompagnés de deux sherpas, Dawa et Phu Nuru. Nous mettons bien sept heures à atteindre le camp 2, mais je suis en assez bonne forme à l'arrivée. Sans doute parce que j'ai bien mangé et bu beaucoup d'eau. Pour John, c'est tout le contraire. Ça ne va vraiment pas et, ce matin, il a dû faire demi-tour à cause de violents maux d'estomac qui ne le lâchaient pas. Il reprendra la route plus tard. Ça me déçoit tellement. J'aurais voulu poursuivre cette aventure avec lui, mais je n'y peux rien. Je devrai continuer sans mon complice. Il me pousse à y aller, à toucher le sommet. Il me parle un peu comme un père. Il ne veut pas que je sois déçu. Il veut que j'atteigne le sommet avec fierté. Quant à Sophie, elle décide de se reposer une autre journée au camp 2 et elle poursuivra l'escalade quand elle sera en meilleure forme et finalement, elle réussira l'ascension quelques jours après nous.

Il neige un peu et j'espère que cela ne nuira pas à la pose de cordes. Demain, nos sherpas iront porter des bonbonnes d'oxygène au col Sud où est situé le camp 4, entre l'Everest et le Lhotse. Leur tournée sera difficile. Il y a beaucoup de neige et les vents sont furieux. C'est au col Sud que nous entrerons dans la zone de la mort, une section où l'air se raréfie encore et où les menaces des éléments naturels sont vraiment à craindre. À cette altitude, l'être humain ne peut pas subsister plus de deux ou trois jours. Les vents se déchaînent à cette hauteur et, en cas de bourrasques trop violentes, nous serons contraints de redescendre. À cette altitude, le mal aigu de la

Montant la face du Lohtse dans les grands vents

photo : John Turner

Les tentes de notre groupe, installées au camp 3

Le chien et moi

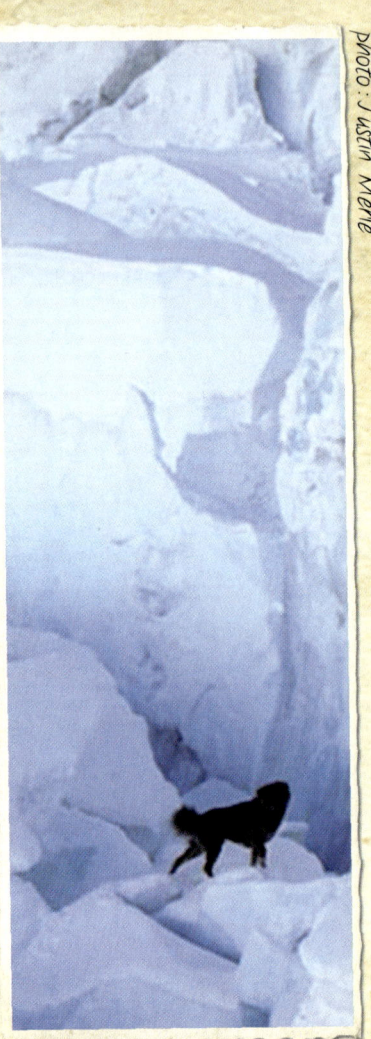

photo : Justin Merle

Le chien dans la cascade de glace

Justin et moi

Crête du sommet et le ressaut Hillary

Versant sud de l'Everest

photo : Justin Merle

Lever du soleil vu du sommet de l'Everest

Toile d'araignée de vieilles cordes lors de la descente de l'Everest

L'Everest vu du camp de base

photo : Justin Merle

Au sommet de l'Everest

Un toast au succès avec Dawa

montagne est vraiment redoutable. Et si on est forcé de redescendre à partir du col Sud, il n'y a pas de deuxième chance. C'est presque impossible de refaire le plein d'énergie et de retrouver la force de tenter l'ascension à nouveau. D'ailleurs, Dawa et Phu Nuru sont revenus exténués de leur aller-retour au camp 4. Ils ont dormi toute la journée.

Demain, nous prendrons donc notre élan vers le sommet à l'aide de l'oxygène, ce qui nous facilitera grandement les choses. J'ai peur et j'ai hâte. Ce sera une ascension difficile, mais passionnante. Des sentiments opposés s'affrontent dans mon esprit. On verra bien qui gagnera le combat. Cinq heures et demie d'escalade et de montées épuisantes pour arriver au camp 3. Le sommet de l'Everest qui nous surplombe n'est pas très invitant. Des vents fougueux, qui oscillent entre 250 et 300 km/h, lui fouettent la crête avec une violence incroyable. C'est franchement épeurant. D'énormes nuages de neige, tels de grands monstres blancs, se bousculent derrière le sommet et je me demande tout à coup si ce sera humainement possible d'y monter. Il faut espérer que les vents se calment.

Au cours de ce trajet du camp 2 au camp 3, j'aperçois dans la neige un sac de nylon qui a visiblement une forme humaine. Rien pour me réconforter. J'apprends qu'il s'agit de l'alpiniste tchèque qui a fait une chute fatale il y a quelques jours. Sur cette route du rêve, il y a toujours un élément morbide qui me rappelle à l'ordre, qui me dicte d'être prudent mais d'avoir confiance en la vie, en la montagne et en moi. On ne peut pas se laisser distraire par la vue d'un cadavre. Sur les flancs de la montagne, plus de 200 cadavres figés sont écrasés sous les blocs de glace pour toujours. Les restes humains, les cadavres gelés qui refont parfois surface, on a coutume de les laisser tomber dans des crevasses, comme dans une fosse. Ici, seuls les vivants comptent.

Au camp 3, on a recours à l'oxygène, même pour dormir. Affublés de masques, nous avons tous l'air de personnages du film *La Guerre des étoiles*. Notre campement est installé sur une petite corniche du Lhotse qui mesure trois mètres carrés. Il ne faut pas sortir de notre tente sans nos crampons. Les vents sont sournois et dangereux sur ce petit plateau, si bien que nous devons recouvrir nos tentes d'énormes filets que nous fixons solidement dans la glace. On raconte qu'un alpiniste qui est sorti pour aller uriner a glissé et chuté dans le vide. L'angoisse et la peur de ne pas réussir l'escalade ne viennent quand même pas à bout de mon sommeil, parce que je continue de me convaincre que je viens de loin, que j'ai investi tous les efforts possibles et que ce n'est pas le moment d'alimenter les pensées négatives à ce stade-ci de l'expédition.

Au matin en me préparant à aller au camp 4, j'ai retrouvé mon désir inébranlable de me tenir debout sur la crête de l'Everest. Nous mettons six heures à nous rendre au col Sud à cause d'une neige abondante qui nous force à ouvrir la route.

En montant dans cette neige folle, j'ai foulé une bosse dure dans la neige. J'ai pensé que c'était probablement un sac de riz tombé du bagage des sherpas. J'ai voulu le dégager, juste pour voir. C'était un genou, un genou humain. J'ai crié *Dawa, Dawa, il y a un genou ici!* Il s'est retourné et m'a répondu : *Non, il n'y a pas de genou. Suis-moi!* J'ai alors compris qu'il fallait que je demeure concentré au maximum pour que rien ne m'arrive, même s'il y avait bel et bien un genou dans la neige et qu'il appartenait à un être humain, à un alpiniste qui comme moi rêvait peut-être de fouler le sommet de l'Everest depuis l'enfance.

Nous arrivons au camp 4 en fin d'avant-midi, vers 11 h, et nous convenons d'attaquer la dernière étape de l'ascension ce soir, vers 21 h. Nous sommes campés au-dessus des nuages, tels des anges. Nous nous reposerons pendant la journée et nous voyagerons de nuit. Voici le programme de la journée : dormir, boire, manger et respirer de l'oxygène. Je n'ai pas faim et le sommeil se fait attendre. Impossible de fermer l'œil.

Je voudrais dormir. Rien à faire. Mes idées s'embrouillent. J'ai peur. Peur de ne pas réussir. Peur de manquer mon coup, de ne pas être assez reposé, d'être affaibli par mon manque d'appétit. J'ai les yeux fixés au plafond de ma tente ou fixés sur ma montre. J'espère que Dawa se réveillera bientôt pour que nous partions enfin et que se termine ce cauchemar qui me fait douter. Nous avons un peu moins de 900 mètres à grimper, ce qui équivaut à une douzaine d'heures de route.

Nous sommes tous dehors. Nous allons partir. Il fait froid. Très froid. J'attache mes crampons à mes bottes. J'y vais ou je n'y vais pas? Le doute m'assaille. Je dois y aller. Je ferai de mon mieux et je verrai si je peux continuer. À 21 h, nous quittons enfin le col Sud, le camp 4. Il fait -35 °C.

Destination : le Balcon. Il fait noir. Nous éclairons notre trajet avec nos lampes frontales. Je ne vois pas le décor, je n'ai aucun point de repère sauf la section éclairée par ma lampe. Je suis Dawa comme un bon chien fidèle. Parfois je le dépasse. Ensuite il reprend la tête du cortège. J'avance péniblement. Je fais un pas, prends 10 à 15 respirations et accomplis un autre pas. Quand c'est plus escarpé, c'est pire. Un pas pour Marie-Pierre, un pour maman, un pour papa, un autre pour… J'avance lentement, mais j'avance.

Les sentiments qui m'habitent sont bizarres. Ce que je ressens est difficile à expliquer. Ce n'est pas de la peur, plutôt de l'angoisse. Oui, c'est ça : de l'angoisse; l'angoisse de me sentir coincé ici, si loin. Pourtant tous les éléments sont en place pour que l'expédition réussisse, mais je me sens un peu perdu au milieu de nulle part. Le Balcon se rapproche. Mes forces m'abandonnent un peu. Au Balcon, nous prenons une pause d'à peine 5 minutes, le temps de changer de bonbonnes, d'avaler un sachet de Power Gel, de boire et de reprendre notre souffle. Cinq minutes, c'est une éternité à cette altitude. Il me reste un peu d'eau qui n'a pas gelé. Avant de partir, j'ai rempli d'eau bouillante ma bouteille isotherme et je l'avais bien enveloppée dans mes vêtements, mais par ce froid glacial, l'eau a quand même gelé. Il vaut donc mieux boire le plus vite possible l'eau qui a résisté au gel. Les deux sherpas chargés de transporter les bonbonnes d'oxygène de rechange du camp 4 au Balcon, décident de nous suivre et de tenter de se rendre au sommet avec nous. S'ils réussissent leur première ascension au sommet, ils monteront d'une marche dans la hiérarchie des sherpas.

Nul n'est très bavard durant nos montées. Parler exige beaucoup d'énergie. Souvent aussi, on a le visage tellement engourdi par le froid que c'est difficile d'articuler.

Encore quatre ou cinq heures d'escalade avant le but ultime. Une escalade extrêmement ardue et risquée puisque certaines sections ne disposent pas de cordes pour s'y attacher. Mais la pleine lune des alpinistes est au rendez-vous à partir du Balcon. C'est bon signe. Je suis ébloui. La lune illumine la crête et toutes les montagnes environnantes. Elle est pas mal plus efficace que ma lampe frontale. C'est éblouissant et affolant tout à la fois, une telle immensité. Tout ce que j'ai admiré mille fois en photos, je l'ai sous les yeux. J'y touche presque. J'en fais même partie. Toute ma concentration est orientée vers chacun de mes pas. Ici les faux pas sont impardonnables. Un pas de travers à gauche et on dégringole de 2 400 mètres au pied de la face sud, côté népalais. Un pas de travers à droite et on exécute un plongeon de 3 050 mètres sur le versant nord, côté tibétain. Des chutes mortelles qui équivalent à deux ou trois kilomètres de dégringolade avant de s'écraser dans la vallée.

Au loin, j'aperçois de gros nuages gris et tout à coup des éclairs. J'entends le grondement du tonnerre. Y a-t-il une tempête à l'horizon ? Dawa me rassure. Il n'y aura pas de tempête. Autour de nous sur le sol, il y a des centaines de cordes abandonnées par des alpinistes. On dirait une toile d'araignée géante et multicolore. Il faut s'en méfier et ne pas s'emmêler dans ces cordes et trébucher.

L'escalade très à pic exige un maximum d'efforts physiques. Tout à coup, panne d'oxygène. Je respire mal. L'oxygène ne passe plus. Sans doute que de la glace s'est formée à l'intérieur du conduit. Il fait maintenant -50 °C. Vite, trouver une solution. M'en sortir, mais comment? Le long de cette falaise, il n'y a pas d'endroit où s'arrêter. Je me cramponne le mieux possible à la falaise. Dawa n'est pas loin. À ce moment précis, je suis convaincu que mon expédition va se terminer ici. Je me débats comme je le peux, mais mon cerveau fonctionne au ralenti. Je continue de grimper malgré tout. Mon habit de neige est encombrant. Il faut marcher comme un astronaute, tant les jambières sont épaisses. Je suis de plus en plus convaincu qu'il va me falloir abandonner. Sans oxygène, je ne pourrais pas continuer. Ça va de mal en pis. Mes crampons s'accrochent à ma combinaison à la hauteur du genou, et crac! le tissu déchire et voilà le duvet intérieur qui s'échappe dans le vent. Le mauvais sort s'acharne sur moi. Je pense à cet alpiniste de notre équipe qui a eu une main amputée, juste parce qu'il a enlevé sa mitaine pour mieux fermer son anorak. Sa mitaine est partie au vent et sa main a gelé en quelques instants. Je ne sais par quel miracle il me vient tout à coup une bonne idée. J'enlève mon cache-cou. Je l'enfile autour de ma jambe de pantalon pour retenir le duvet. Dawa se retourne et se rend compte de mes problèmes. Il s'approche et se met à souffler dans le tuyau d'alimentation de la visière de mon masque pour faire fondre la glace. La manœuvre réussit et l'oxygène recommence à passer. Je l'ai échappé belle.

Je repars. Il me faut maintenant attaquer une série de marches rocheuses pour finalement arriver à un monticule de glace et de neige. C'est le sommet sud, la section la plus dangereuse de l'ascension. Je commence à avoir les mains gelées. C'est parce que je porte des gants. J'ai des mitaines, mais les gants c'est plus pratique pour s'attacher et manipuler les mousquetons. Le froid vient à bout de moi. Je finis par enlever mes gants très rapidement pour enfiler mes mitaines. Pourquoi prendre des risques inutiles? J'ai encore besoin de mes deux mains.

Rendus au sommet sud, il nous reste deux heures de montée. Nous prenons une petite minute pour manger et boire. C'est là que j'aperçois, du côté tibétain, de petites lumières qui bougent et qui avancent vers le sommet. Ce sont les lampes frontales d'alpinistes à la file qui montent au sommet du côté tibétain. Cette vision me fascine et renforce ma solidarité avec les autres. J'imagine qu'eux aussi peuvent apercevoir la lueur de nos lampes frontales.

Au repos, mon cœur bat à 120 battements à la minute. Quand je marche, il bat au rythme de 170. La normale se situe entre 60 et 80 battements à la minute. Je sens mes artères cogner sur mes tempes, sur mon cerveau. J'ai mal à la tête. Mon cœur résonne dans ma tête. Je suis à son écoute. Quand il bat trop vite, je m'arrête. Quand il ralentit, j'en profite pour faire un pas. Lentement, très lentement. Plus lentement qu'une tortue.

Un pas pour Marie-Pierre... un pour Martin... un pour Étienne... Encore une heure et j'y serai. Au bout d'une demi-heure, j'aperçois le ressaut Hillary (Hillary Step) à 8 760 mètres d'altitude, la plus escarpée des parois, et les derniers échelons vers la crête du sommet. C'est un mur de roches à la verticale haut de 6 mètres mais épouvantable à escalader et à contourner. Je déteste grimper sur les rochers avec mes crampons. C'est très instable, c'est glissant, mais retirer mes crampons équivaudrait à une perte de temps et d'énergie dont je suis déjà à court. J'ai la langue à terre, je suis vidé, mais si près du but.

Passé le Balcon, il y a peu de cordes de sécurité et celles qui y sont encore sont souvent effilochées et inutilisables. Ici, où je suis rendu, la corde fixe n'est plus rien d'autre qu'un cordon de bottine, une petite corde verte absolument inutile. Cela revient à utiliser un cure-dent comme bâton de marche! Pourtant, avec l'idée de mettre toutes les chances de mon côté, même les plus petites, je m'attache à ce mince cordon. Tout le long de cette montée, j'aperçois des centaines de cordes effilochées qu'ont abandonnées des alpinistes au fil des ans. J'en prends quelques-unes parmi les moins abîmées, que je noue pour m'attacher et me sécuriser.

Le ressaut Hillary porte le nom du premier alpiniste, Edmund Hillary, accompagné du sherpa népalais Tenzing Norgay, à avoir atteint le sommet en 1953 avec de l'équipement rudimentaire et sans cordes. Mais, paraîtrait-il que ces deux alpinistes ne seraient peut-être pas les premiers à avoir conquis l'Everest puisqu'en 1924, lors de la toute première expédition vers l'Everest, George Mallory et Andrew « Sandy » Irvine auraient peut-être atteint le sommet, mais seraient morts en redescendant. En mai 1999, des recherches ont permis de retrouver le corps congelé de Mallory à 8 290 mètres d'altitude sur la face nord de l'Everest. L'histoire ne dira jamais si ces deux hommes en avaient atteint le sommet, mais certains indices permettent de le croire. Cette histoire me revient soudainement à l'esprit parce qu'un alpiniste américain de notre équipe a participé aux recherches pour retrouver les corps en 1999.

J'ai l'impression de marcher sur la Lune en ce petit matin du 18 mai 2006. Chacun de mes pas équivaut à l'effort d'une course de 5 000 mètres. Il fait extrêmement froid. La température est tombée à -55 °C. La crête se rapproche. Dix pas encore. Dix pas, c'est épouvantable dans ces conditions. C'est inhumain. Neuf pas encore. Il est 4 h 45. Huit pas... Le soleil levant, je le vois d'en haut; la silhouette de la grande déesse se découpe dans le grand bleu du ciel. C'est de toute beauté. Ça crève les yeux, cette vue de l'Everest. Je n'ai jamais rien vu d'aussi beau. Le soleil éclaire le fond de la vallée et les montagnes environnantes. Le firmament n'est pas bleu ciel comme on le voit chez nous. Il est bleu foncé, même en plein soleil. On se croirait dans l'espace à cause de ce ciel presque noir et impénétrable. Je continue de grimper, terriblement haletant. En huit heures d'escalade, nous ne nous sommes arrêtés qu'une quinzaine de minutes.

Six pas... Le sommet attend patiemment. Quatre pas encore. Il est 5 h. Des pas de plus en plus lents, de plus en plus distancés les uns des autres. Un long pas, une longue halte pour tenter de retrouver mon souffle. Un pas encore et j'y serai.

J'y suis! J'y suis! Debout sur le sommet de l'Everest à 5 h 10 du matin, le 18 mai 2006! Debout sur mon rêve. C'est grandiose et indescriptible. À l'horizon, pointent des nuages noirs et menaçants. Entre les sommets, des tapis de beaux nuages blancs ressemblent à des peaux de mouton qui onduleraient dans le ciel. En bas, le soleil frappe les montagnes en créant des contrastes de jaune or et de noir sur les sommets et les flancs de montagnes. Des kilomètres et des kilomètres de sommets enneigés. Et, par-dessus tout, la courbe de la Terre qui se dessine à l'horizon! Tout à coup, les larmes me montent aux yeux devant ce spectacle. L'émotion est à son comble.

Nous retirons nos masques le temps de prendre quelques photos. Tout le monde sourit malgré le froid qui nous crispe les joues et l'air qui nous manque : Dawa, Justin, les deux autres sherpas qui ne s'étaient jamais rendus au sommet, Samduk Dorje et Nima Karma et moi. On s'embrasse, on se tape dans le dos. Je brandis fièrement un drapeau canadien.

Au cours de l'ascension finale, il faut rester en communication régulière avec le camp de base, question de sécurité. Nous communiquons donc avec notre chef d'équipe pour le prévenir de notre arrivée au sommet. *Le sommet, le sommet, ils ont atteint le sommet!* J'imagine que les alpinistes et les Sherpas se sont mis à siffler, à applaudir, à crier et à frapper sur des casseroles pour manifester leur enthousiasme en entendant la nouvelle, conformément à la coutume du camp de base.

Ici, sur l'Everest, je viens de laisser une trace, et une trace est imprimée pour qu'on la suive. Celle-là, ma petite trace à côté de celles de plusieurs autres alpinistes, c'est la trace d'un rêve que je voudrais partager avec des millions de jeunes. Une trace qui pourrait leur servir d'inspiration dans la poursuite de leurs ambitions. Toujours plus haut, toujours plus loin.

Chapitre 32
Descendre sur l'adrénaline

Vingt minutes seulement sur le sommet. Il faut redescendre. Je viens de prendre ma dernière bouchée de cet Everest éléphantesque. Il me semble que j'ai le cœur et le pas plus légers, mais rien n'est encore vraiment gagné. La fatigue et le manque de sommeil sont des facteurs qui pourraient perturber la descente. Il faut à nouveau se méfier des cordes abandonnées sur le sol et ne pas s'y empêtrer. Ce sont de véritables pièges.

Je reste sur mes gardes et bien alerte malgré l'adrénaline et les émotions fortes qui courent dans mes veines et me stimulent. Les problèmes de coordination ou une tempête subite nous guettent. Il faut donc demeurer aux aguets. Je descends prudemment, mais je ne peux m'empêcher de repasser et repasser encore dans ma tête ces images de mon ascension et de me revoir debout sur l'Everest à regarder d'en haut des sommets et des montagnes à perte de vue illuminés par un lever de soleil hallucinant.

Dès mes premiers pas dans la descente sur l'arête étroite comme le fil d'un funambule, je rencontre un Européen bien mal en point. Son masque à oxygène fonctionne mal, ses lunettes de ski sont toutes embuées. Il titube et ne semble pas très lucide. Il nous appelle à l'aide. *Help me! Help me!* Ici, en descendant, il n'y a pas de courtoisie possible. Il faut passer un à la fois et on n'a pas de temps à perdre. La crête est tellement étroite. C'est comme marcher sur une corde raide avec des crampons aux pieds. Juste dévier d'un pas de la trajectoire peut être fatal. Je ne veux pas m'arrêter. Il n'y a pas de chance à prendre. C'est la règle du chacun pour soi parce qu'on n'a pas le choix. Si l'entraide équivaut à la chute de deux humains plutôt qu'un, le choix s'impose. Pourtant, je n'arrive pas à me décider d'abandonner ce grimpeur à quelques pas du but. Je m'arrête brièvement. Justin aussi. Le discours de cet alpiniste en détresse est vraiment incohérent. Mon adrénaline sûrement m'incite à lui porter secours. Je lui donne mes lunettes de ski. J'en ai une paire de rechange dans mes poches. Il veut poursuivre son ascension, mais cette pente redoutable est à sens unique. On ne peut pas passer deux à la fois. Trois ici sur cette ligne mince et très escarpée, c'est un embouteillage. Je me dis qu'il faut que je lui cède le passage. Il a droit à son rêve, lui aussi. Avec beaucoup de précautions, lui et moi exécutons un pas de valse en nous tenant par la taille et par les épaules et en pivotant un peu. Et nous voilà repartis sans accident : lui par en haut, moi par en bas. Je ne sais pas s'il réussira à se rendre au sommet. Je lui ai peut-être donné un bon coup de pouce. Je lui souhaite de vivre le sommet comme je l'ai vécu.

Plus tard au camp de base, j'apprendrai qu'il a atteint le sommet et qu'il est revenu bien vivant. Je suis content pour lui et j'ai l'impression de l'avoir aidé un peu.

Nous ne mettons que quatre heures à nous rendre du sommet au camp 4, alors qu'il en a fallu huit pour nous rendre du camp 4 au sommet. Notre chef d'équipe qui reçoit notre message radio n'en revient pas. *Ont-ils marché ou simplement déboulé en bas de l'Everest jusqu'au camp 4, ces gars-là?* se demande-t-il. Arrivés au camp 4, les alpinistes qui y campent nous crient de grands bravos et nous félicitent. John est parmi eux. Il amorcera la dernière montée demain. Il n'est pas en grande forme, mais il ira quand même. La plupart des grimpeurs s'arrêtent et dorment longuement au camp 4 en redescendant, mais j'ai un regain d'énergie et, ainsi que mes collègues, je décide de me rendre directement au camp 2. J'ai terriblement mal aux jambes, mais pas question d'arrêter. Nous dormirons au camp 2. C'est là que je téléphone à ma mère pour lui annoncer l'excellente nouvelle, mais elle est déjà arrivée à Orléans. J'imagine leurs sourires, leurs rires et leurs larmes quand ils l'ont apprise, et ça me fait tellement chaud au cœur. Même à partir de l'Everest, les nouvelles circulent vite grâce à Internet. *Au moins, ce soir*, me dis-je, *mes parents et mes amis vont bien dormir*. Demain, pour moi, il y aura encore la menaçante cascade de glace à traverser. J'essaie de ne pas trop y penser.

En deux jours seulement, nous atteignons le camp de base. Mon premier instinct : prendre une douche et me raser. Je suis surexcité et je n'ai pas le goût de me coucher, malgré l'épuisement. Au sortir de ma tente, j'ai l'air frais et dispos, si bien que le premier gars que je rencontre me félicite de mon exploit et, en m'apercevant fraîchement lavé, peigné et rasé, il me lance en riant : *Wow! Tu fais ça avec un grand chic, toi, l'ascension de l'Everest!*

Ensuite, j'ai dormi, beaucoup dormi, en attendant John. Puis j'ai appris qu'en fin de compte, il s'était senti mal au Balcon et avait préféré laisser tomber l'ascension finale. Si près du but, il a décidé de redescendre. J'aurais tellement aimé que nous arrivions ensemble au sommet. J'attends son retour. Nous repartirons ensuite pour Katmandou.

Chapitre 33
Lent retour à la maison

John et moi repartons vers Lukla pour prendre un avion en direction de Katmandou. Ce trajet se fait en quatre jours. Chemin faisant, nous nous arrêtons à Phortse chez Dawa Nuru et Phu Nuru, qui sont voisins. Ils nous invitent à passer la soirée et la nuit chez eux. Dawa est tellement fier de me montrer l'endroit où il vit, sa maison, son grand jardin et surtout ses photos d'expéditions au Canada. Comme dans toutes les maisons des Sherpas, il n'y a que deux pièces : la cuisine où dorment les jardiniers qui s'occupent de la plantation de patates et une grande pièce qui sert de salle à manger et de dortoir. Il y a des banquettes de bois le long des murs et nous dormons bout à bout sur ces bancs qui servent de lits : le fils et l'épouse de Dawa, Dawa et, en bout de ligne, moi.

À Katmandou, je me paie une nuit au *Hyatt Regency*. Un hôtel cinq étoiles! Rien de moins. Je mérite bien un petit luxe puisqu'au cours de la dernière année, j'ai passé six mois à dormir sous la tente.

Le lendemain, je prends un vol pour Londres, où je dois attendre deux jours avant d'obtenir une place sur le vol à destination d'Ottawa. Je repense au sommet et je me dis que je ne retournerai peut-être jamais sur l'Everest. C'était un rêve et je l'ai vécu. J'irai davantage vers des sommets moins élevés et des montagnes moins escarpées, sans doute moins spectaculaires, mais où la nature est plus sauvage, moins exploitée et moins touristique. L'Everest, la déesse, je lui ai donné rendez-vous, je l'ai rencontrée et jamais je ne l'oublierai.

Dans l'avion qui me ramène à Ottawa, le temps me paraît tellement long. J'ai hâte d'arriver à l'aéroport. Je sais que ma famille et Marie-Pierre seront là. J'arrive enfin au-dessus d'Ottawa. L'avion atterrit. Il faut attendre les bagages. Il faut passer par les douanes. C'est interminable. La douanière me pose trop de questions à mon goût : *Où, quand, comment et pourquoi?* Lorsque je lui réponds que je reviens du Népal et que je suis allé au sommet de l'Everest, elle me dit : *Ah oui? Tu ne serais pas le fils de Gaétane, par hasard?* C'est là que je constate que je suis vraiment chez nous, car même la douanière connaît ma mère. *Eh oui! Je suis le fils de Gaétane Gagnon.* Enfin chez nous!

Quand, enfin, je mets les pieds dans l'aire des arrivées de l'aérogare avec mes 15 kilos en moins, j'aperçois un attroupement de gens qui sont là à m'attendre en brandissant des pancartes de bienvenue et de félicitations. Il y a même un groupe de scouts en uniforme qui m'applaudissent et qui me crient : *Bravo!* Ils ont fabriqué une pancarte qu'ils brandissent fièrement et sur laquelle il est écrit : « Jean-François ne porte pas de bobettes de Superman; c'est Superman qui porte des bobettes de Jean-François. »

Je suis surpris et vraiment touché de les voir là. Je ne m'attendais pas à un tel accueil. Il y a aussi des journalistes, des appareils photo, des caméras et des micros. Et voici la question qui revient le plus souvent : *Maintenant que tu es devenu à 24 ans le plus jeune Canadien à avoir atteint le sommet de l'Everest, le toit du monde, qu'est-ce qu'il te reste à accomplir?*

Manger un bon hamburger, que je réponds à la blague.

Mon rêve n'était pas seulement d'atteindre le sommet de l'Everest, mais bien de parcourir durant six ans, avec passion et émerveillement, la route pavée d'aventures et de défis qui allait me permettre cette ascension. L'Everest, c'est peut-être le toit du monde, mais ce n'est pas le bout de ma route. D'expédition en expédition, je continue d'avancer.

Épilogue

Le lendemain de mon retour, j'ai été pris dans un tourbillon. Après trois mois dans un décor où la nature impose ses lois naturelles, où le modernisme est absent et où l'on vit simplement au jour le jour, je réintégrais soudainement ce monde où la vie urbaine impose sa cadence, où tout est organisé et planifié, où l'on vit en toute sécurité relative.

Les premières semaines, je ne faisais que répondre à des questions portant sur l'ascension de l'Everest. De la part des parents, des amis, des représentants des médias. D'une entrevue à l'autre, je répétais inlassablement les mêmes réponses. En guise de conclusion, cent fois on m'a posé cette inévitable question : *Maintenant que tu as atteint le sommet de l'Everest, qu'est-ce qu'il te reste à accomplir?* Comme si un rêve réalisé éliminait la possibilité d'en avoir d'autres. Bien sûr, j'étais fier de cet accomplissement, mais c'était déjà passé et je regardais vers l'avant.

Mon voyage au Népal, je ne l'ai pas fait pour être consacré héros. L'Everest, je l'ai vécu pour le défi à relever, pour le plaisir que cela procure et afin de suivre mes impulsions. Après un bout de temps, chaque fois qu'on me posait une question à propos de l'Everest, je retenais mal mon envie de répliquer : *Est-ce qu'on ne pourrait pas parler d'autre chose?* J'étais partagé entre ma simple conviction et l'enthousiasme débordant de mon entourage. Chacun m'avait accompagné pas à pas au cours de cette aventure et je reconnaissais que leurs interrogations étaient légitimes, même si elles me ramenaient toujours au sommet de l'Everest d'où je voulais enfin redescendre pour aller ailleurs.

Au bout d'une semaine, le quotidien a commencé à me peser. La routine m'étouffait, même si j'étais bien heureux parmi les miens. Comme sur l'Everest, je me suis mis à manquer d'air. Heureusement que j'ai eu la chance de m'acclimater. Ainsi, un mois plus tard, je repartais vers le Yukon pour guider une équipe de touristes sur les rivières Snake et Mountain.

Avant de partir, j'ai douté et je me suis demandé si je n'étais pas désabusé. Cette expédition en valait-elle la peine? Retrouverais-je cette passion que j'avais toujours eue pour la nature sauvage? La réponse n'a pas tardé. Dès que j'ai aperçu l'immensité du territoire du Yukon, tous mes doutes et toutes mes angoisses se sont dissipés; cette expédition a été la transition idéale entre l'Everest et le cours de la vie de tous les jours.

Plus tard, j'ai guidé une expédition de l'armée canadienne sur la rivière Nahanni et, ensuite, j'ai guidé et accompagné un photographe à la chasse aux images du loup arctique sur l'île d'Ellesmere.

À l'automne, je suis retourné au Mexique en tant que guide vers le sommet du Pic d'Orizaba. Cette fois-là, à ma troisième tentative, je suis venu à bout de cette montagne, de ce volcan pas mal moins impressionnant que l'Everest, mais qui m'a donné beaucoup plus de fil à retordre!

C'est dans la nature que je me sens le mieux. Sans routine, sans carcan, libre de suivre ses humeurs indomptables. J'aime me sentir minuscule dans le vaste infini. Je sais que cette nature est capricieuse, dangereuse et impénétrable, mais mon bonheur consiste à tenter de m'y intégrer, de me faufiler dans ses détours sournois, en me laissant conduire par elle.

Aujourd'hui, j'accompagne des adeptes du plein air à la découverte de ces lieux sauvages, rébarbatifs et toujours fascinants; c'est devenu mon travail, le lot de mon quotidien. Je ne peux rien demander de mieux.

De l'auteure Danièle Vallée

Langue de poche, récit graphique, illustré par Christian Quesnel, Éditions Studio Première Lignes, Gatineau, 2007

Manche de Pelle, plaquette graphique en deux actes, illustré par Christian Quesnel, Éditions Studio Premières Lignes, Gatineau, 2005

Le D2ux, roman illustré par Christian Quesnel, Éditions David, Ottawa, 2004

Debout sur la tête d'un chat, contes, illustré par Virgini Bédard, Éditions David, Ottawa, 2002

Le Café de la Bonne-Femme-Sept-Heures, roman, Éditions du Nordir, Ottawa, 1998

La caisse, recueil de nouvelles, illustré par Cécile Boucher, Éditions du Vermillon, Ottawa, 1994